성과를 내는 사람의

생각 정리법

성과를 내는 사람의 일프로 시리즈

생각 정리법

AI시대 디지털 도구 활용 프로젝트

나현진 지음

MONOBOOKS

새로운 도구를 쓸 줄 안다는 것은 문제에 접근하는 방식, 문제를 해결하
는 방식이 이전과는 달라진다는 것을 의미합니다. 인류 역사를 살펴봐도
새로운 도구를 먼저 손에 쥔 사람들이 승리하는 순간들이 많았습니다. 이
제는 디지털 기술이 새로운 도구가 되었습니다. 디지털 기술을 활용하면서
우리는 세상을 더 정확하고 선명하게 볼 수 있게 되었고, 기존에 풀지 못하
던 문제를 풀게 되었으며, 이전에 하지 못하거나 생각하지 못했던 혁신적
인 일들을 해낼 수 있게 되었습니다.

　디지털 기술을 장착하고, 잘 활용할 수 있다면 남들보다 현저히 유리한
고지에서 게임을 시작할 수 있습니다. 이러한 기술에 대해 어떤 관점을 택
하느냐에 따라 개인과 기업의 운명이 달라지고 있으며, 이는 국가의 경제
성장에까지 영향을 미칩니다.

　하지만 디지털 기술의 중요성이 점점 더 커져 가고 있는 데 반해, 대부분
의 직장인들에게 디지털 기술은 여전히 어렵고 멀게만 느껴지는 게 사실입

니다. 디지털 기술을 다루고 활용하는 것은 일부 개발자나 연구원들처럼 전문가의 일이며, 나와는 관련 없는 기술이라고 생각하는 직장인들이 많습니다. 이 말은 당신에게도 아직 기회가 있다는 것을 의미합니다. 지금부터 시작하면 남들보다 먼저 멋진 도구를 손에 쥐고, 경쟁 우위에 설 수 있다는 뜻입니다. 다행히 디지털 기술은 점점 더 대중화되고, 접근하기도, 배우기도 쉬워지고 있습니다. 기술을 더욱 쉽게 접하고 활용할 수 있는 새로운 도구들도 속속 등장하고 있습니다.

'일프로 시리즈'는 디지털 시대를 살아가야 하는 직장인들, 특히 자신의 일은 똑 부러지게 잘하지만, 디지털 기술에는 영 자신이 없는 n연차 직장인들을 위해 시작된 프로젝트입니다. KT는 몇 년 전부터 전체 임직원들을 대상으로 실무형, 프로젝트 중심의 디지털 교육으로 의미 있는 성과를 만들어왔습니다. 그리고 그 과정에서 평범한 직장인들이 AI 인재가 되는 모습을 여러 번 목격했습니다. 본 프로젝트는 KT의 이런 성공 경험을 우리의 고객이고 동료이며 동반자인 여러분들과 함께 나누기 위한 노력입니다. '일프로 시리즈'는 아직은 어렵고 낯설게만 느껴지는 디지털 기술을 좀 더 쉽게 학습하고, 활용할 수 있도록 준비되었습니다.

'기술은 사람의 상상력을 현실로 만드는 도구일 뿐이다'라고 생각합니다. 처음부터 너무 어려운 도구로 배우다가 압도되거나 지레 포기하기보다는, 내가 일상에서 당장 써먹을 수 있는 쉬운 도구로 배우는 것이 가장 좋은 방법이라고 생각합니다. 그래야만 실전에서 제대로 힘을 발휘하는 진짜 내 것으로 만들 수 있습니다.

'일프로 시리즈'의 두 번째 책인《성과를 내는 사람의 생각 정리법》은 최신 디지털 기술을 업무에 활용할 수 있도록 돕는 책입니다. KT그룹 전문 강사인 저자가 자신의 경험과 업무 노하우를 아낌없이 풀어 놓았습니다. 책에서 소개한 내용을 찬찬히 읽어보면 쉽게 디지털 도구를 활용할 수 있을 것입니다. 디지털 세상으로 향하는 기차는 이미 출발했습니다. 빨리 올라타서 새로운 세상을 경험해 보세요. 그 과정을 통해 직장에서 상위 1%의 인재로, 내 일의 프로로 성장해 나가실 수 있을 것입니다.

KT 인재실

진영심 상무

아는 만큼 격차를 만드는 디지털 도구

영국의 철학자 비트겐슈타인은 '언어의 한계는 세계의 한계다'라고 했습니다. 이 문장처럼 디지털 도구와 지식의 중요성을 잘 설명한 문장도 없을 것입니다. '노션으로 공유하고 서로 업데이트하자'라는 말을 하는 사람에게는 노션의 세계가 존재하지만, 노션을 전혀 모르는 사람에게는 그 세계가 존재하지 않습니다. '자피어Zapier를 활용해서 신청과 확인 메일 발송을 자동화하자'라는 말을 하는 사람에게 자피어는 유용한 도구이지만, 그런 것이 있는 줄 모르면 구글 설문지와 카카오톡으로 접수를 받을 수밖에 없습니다.

ChatGPT가 출시되고 '생성형 AI'는 시대를 대표하는 키워드가 되었습니다. 이를 활용한 서비스와 플랫폼도 지속적으로 시장에 출시되고 있죠. 스마트폰에 인공지능 개인비서 기능이 기본으로 탑재되고, 파워포인트와 보고서도 초안을 만들어주는 서비스가 등장했습니다. 무료 챗봇을 활용하면 화상 영어 서비스가 사라져도 될 정도의 자연스러운 대화가 가능하고, 몇 초 만에 원하는 그림을 만들어 낼 수 있습니다. 인간의 능력을 넘어선 기술의 발전도 놀랍지만, 기술이 발전하는 속도가 더 놀라운 시대입니다. 이렇게 기술이 발전할수록 개개인의 세계는 상상 이상으로 넓어질 것입니다.

이 책은 개인이 가지고 있는 세계의 한계를 조금씩 넓혀주기 위한 책입니다. 이 책을 만나는 누군가가 '그런 것이 있었어? 그럼 나도 해볼까'라는 마음이 들게 하려 노력했습니다. 그리고 사이 사이에 저의 18년 직장생활과 10여 년의 강의 경험, 또 몇 가지 시행착오를 조금씩 주전부리처럼 추가했습니다. 조금의 흥미만 있다면 무엇이든 검색해서 쉽게 배울 수 있는 시대입니다. 20년 전 신입사원 교육에서 표지 만들기부터 시작했던 한글이나 워드 교육도 이제는 필요한 내용만 검색하여 선택해서 볼 수 있게 동영상 강의를 제공합니다. 모든 사람이 비슷한 역량을 가지고 있다고 가정하지 않고, 개인이 필요한 부분만 찾아서 학습하는 마이크로 러닝micro learning 시대입니다. 그리고 배운 내용을 실무에 적용할 수 있도록 현업에 있는 선배들과 보고서를 만들어 보는 프로젝트 과정Project Based Learning으로 진화했습니다.

앞으로는 더 많은 디지털 도구가 출시되고 사라질 것입니다. 한가지 툴을 배워서 오랫동안 사용하기 쉽지 않다는 의미입니다. 그래서 구글, 노션, 자피어, 굿노트, 플렉슬, 옵시디언 등 특정 도구에 대한 이야기를 깊게 하기보다는 변하지 않는 원칙에 대한 이야기에 초점을 맞추려 노력했습니다. 새로운 툴이 출시되어도 자신만의 시스템을 가지고 있다면 과거와 변함없는 생산성을 만들어 낼 수 있고, 나아가 더 높은 부가가치를 창출할 수 있기 때문입니다.

어떤 시대가 와도 변함없이 성과를 내는 사람들이 있습니다. 그들의 공통점은 사물을 바라보는 시각과 생각을 정리하는 스킬이 다르다는 것과, 시대의 변화에 따라 사용하는 도구가 달라진다는 점입니다. 이 책은 AI 시대에 생산성과 효율성을 높이기 위한 생각 정리법으로, 어떠한 철학과 시스템을 가지고 디지털 도구를 활용하면 좋은지에 대한 설명을 하고 있습니다. 각 장에서 어떤 내용을 다루고 있는지 살펴보면 다음과 같습니다.

1장에서는 인공지능 시대를 살아가는 인간에게 필요한 역량이 무엇인지에 대해 이야기합니다. 그동안 인간이 해왔던 많은 분야의 과업들이 예상보다 빠르게 인공지능으로 대체되고 있습니다. 일주일에 일하는 시간이 법으로 제한되어 있고 늦은 밤에는 잠을 자는 인간과 달리 인공지능은 쉬지 않고 학습하며 인간 못지않게 일을 잘하기 때문이죠. 그렇다면 이 시대를 살아가는 인간에게 필요한 역량은 무엇일까요. 변화의 환경 속에서도 흔들림 없이 성과를 내는 사람들은 어떤 특징이 있는지 살펴봅니다.

2장에서는 디지털 기록에 대해 구체적인 이야기를 다룹니다. 기록된 결과물은 검색, 공유, 부가가치 중 최소한 하나의 조건을 갖춰야 합니다. 의미 있는 기록이 되려면 세부적인 목표 설정과 일상의 습관 연결이 중요합니다. 이를 돕는 콘텐츠 창고가 있다면 더할 나위 없겠죠. 현시점에서 콘텐츠 창고로 유용하게 사용할 수 있는 디지털 도구들을 소개하고, 사용하면서 느꼈던 시행착오도 함께 공유합니다. 기록은 결국 자신이 원하는 것을 조금씩 이뤄가는 과정입니다. 그 과정에서 좀 더 자신을 이해하고 발견할 수 있습니다.

기록은 시간을 투자하는 일입니다. 자칫 목적성을 잃어버리거나 제대로 활용하지 못하면 시간을 빼앗는 독이 될 수도 있죠. 3장에서는 디지털 도구를 잘 사용하기 위한 생산성의 정의와 아웃소싱에 대해 이해하는 시간입니다. 효율적인 도구 사용이 자연스러운 생산성 향상을 의미하는 것은 아닙니다. 생산성에 영향을 미치는 다양한 요인들을 이해함으로써 디지털 도구와 인공지능을 잘 사용할 수 있는 기초를 다질 수 있습니다. 또한, 관계적인 측면에서 생산성을 생각해 볼 수 있는 시간도 마련했습니다.

가요 프로그램 중에 재야의 고수라며 무명의 가수들을 소개하는 프로그램이 있습니다. 유명한 가수들만큼 출중한 실력에 깜짝 놀라기도 합니다. 생산성 분야에도 숨은 고수들이 구름처럼 많으며, 각자의 독특한 스타일을 볼 때마다 신기할 따름입니다. 4장에서는 수년간 디지털 도구를 활용해 온 고수들의 사례를 소개하고 다양한 노하우를 배웁니다. 축적된 콘텐츠를 어떻게 정리하고 활용하는지가 기록하고 쌓는 시간보다 더 중요합니다. 자신만의 콘텐츠가 만들어지고 성장하는 과정이 다시 창고에 재료를 쌓게 하는 강력한 동력이 되기 때문입니다. 일상의 개인적인 행복뿐만 아니라 콘텐츠 축적에 따른 부가가치 창출의 과정을 실제 경험 기반으로 공유합니다.

마지막 5장에서는 발산에서 다시 수렴으로 향하는 과정입니다. 꾸준히 모방하고 재생산한 콘텐츠들과 역량. 그중에서 명확하게 시장에 내놓을 수 있는 것이 무엇이며, 구체화하여 제안할 수 있는가를 살펴봅니다. 기록을 단순 취미로 하는 것이 아니라, 콘텐츠를 넘어 자신의 무형자산으로 만들고 싶은 사람들은 꼭 한 번쯤 고민해 봐야 할 과제입니다.

이렇게 시장에 내놓은 것은 얼마나 오래갈 수 있을까요. 비즈니스적인 가치를 창출해도 지속하기가 어려울 정도로 불확실성이 높은 시대입니다. 많은 정보는 이미 공개되어 있고 경쟁은 그 어느 때보다 치열합니다. 그런데도 정글에서 아무렇지 않게 살아남는 사람들은 특별한 동적 역량이 있습니다. 성취만큼 중요한 것이 오래가는 것임을 명심해야 합니다.

본문에 소개한 '성과를 내기 위한 도구들'은 수년간 실전에서 사용하며 생산성 향상에 도움이 될 만한 도구들로 엄선했습니다. 시행착오를 거치며 축적한 노하우를 담았으니 업무는 물론 일상생활에서도 많은 도움이 되었으면 합니다.

저만의 이야기를 나눌 수 있는 기회를 만들어준 든든한 베이스 캠프 KT와 뜻을 함께하는 동료들에게 다시 한번 감사의 마음을 전합니다.

나현진

제1장

인공지능 시대를 살기 위한 변화관리

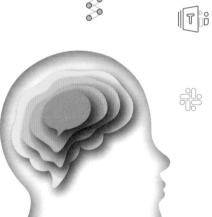

제5장

새로운 가치를 만드는 '실행력'

제1장

인공지능 시대를
살기 위한 변화관리

1

변화와 수용성

변화의 가속화가 불러온 변화

직장생활 18년. 꽤 긴 시간처럼 느껴진다. 처음 입사했을 때 선배들의 "라떼(나 때는)는 말이야"로 시작하는 무용담을 자주 듣곤 했다. 그런데 요즘 들어 나 역시 후배들에게 간혹 '라떼'를 시전하고 있는 걸 보면 그만큼 세월이 흘렀다는 걸 실감한다.

그런 '라떼'만큼이나 생소한 것 중에 '주민등록번호생성기'라는 것이 있었다. 단어에서 알 수 있듯이 주민등록번호를 생성해 주는 프로그램으로, 20여 년 전 유행했다. 당시에는 이 프로그램으로 다양한 일을 하는 사람들이 있었다. 예를 들어, 연령제한이 있는 게임사이트의 아이디를 만들거나, 타인의 주민등록번호로 사이트에 접속하여 불법으로 결제를 하는 등의 불법적인 일에 사용되기도 했다. 지금은 개인정보보호 및 활용 등에 관한 제도가 상당히 엄격해져서 주민번호를 생성하여 사용한다 것은 상상도 못 할 일이 되었다. 자칫 경찰서에서 면담을 해야 할 수 있는 위험한 일이다. 기술이 발전하면 사회와 제도도 함께 진화한다.

그렇다면 일하고 학습하는 장면도 많이 달라졌을까? 과거에는 회의를 시작하면 직원들이 회사 다이어리를 들고 하나둘 모여서 상사가 이야기하는 것을 열심히 손으로 메모했다. 회의가 끝나면 막내 직원이 그것을 메일로 정리해서 팀원들에게 공유를 했던 기억이 있다. 새로운 회사에 입사하게 되면 몇 주에서 길게는 몇 달씩 신입사원 교육을 받았다. 같은 체육복을 입고 눈물을 쏙 뺄 정도로 힘든 팀빌딩을 하며 그것이 추억이 되고 로열티가 될 것이라는 이야기를 들었다.

이 모든 이야기들이 18년 경력 직장인의 라떼 이야기로 들릴 수 있지만, 조금만 생각해 보면 여러분들이 경험하고 있는 사회도, 사용하고 있는 기술도 시간이 지나면 옛날이야기가 된다.

경험은 연속적인 것이다. 책을 읽는 지금도 잠시 후에는 과거가 되고 만다. 변화가 많을수록 현재는 더 빠르게 과거화가 진행된다. 이렇게 변화에 가속이 붙으면서 무엇을 배울지 결정하고 자신의 시간을 어떻게 사용하는지에 대한 결정이 더욱 더 중요해지고 있다. 과거에는 좋은 전공을 선택하거나 괜찮은 직장을 얻게 되면 큰 변화 없이 살 수 있었지만, 앞으로는 선택했던 전공이나 학습한 내용이 순식간에 쓸모가 없어질 수도 있다.

인간이 변화에 적응하는 동물이라고는 하지만, 점점 더 급격하게 변해가는 세상에서 살아남기 위해서는 과거와는 다른 새로운 노력들이 필요하다.

변화와 역량의 관계

변화에 따라 인간에게 요구되는 역량도 달라진다. 식량을 구하기 힘들고 전쟁이 많던 시절에는 물리적인 힘을 가진 사람이 필요했다. 정보를 찾기 힘든 시기에는 암기 능력을 중요하게 생각하기도 했다. 나의 학창시절이 그러했다. 모르는 것이 있으면 책을 찾아봐야 하니 책장에 백과사전이 꽂혀 있는 집들이 많았다. 학교를 졸업하고 회사에 들어오니 그사이 인터넷이 발전하여 검색창에 알고 싶은 것을 입력하면 무엇이든 보여주는 시대가 되었다. 찾으면 다 나오는데 왜 그렇게 열심히 암기를 했는지 무색할 정도였다.

"공부머리와 일머리는 다른 것 같아."

회사에서는 이런 이야기를 하는 사람들이 많았다. 암기의 시대에 학교를 다녔고, 검색의 시대에 사회생활을 시작하니 요구되는 역량이 달랐다. 그렇게 시간이 흘러 지금은 인공지능 시대라고 한다.

어떤 시대로 불리는가보다 무엇이 가능한 시대인가를 인지하는 것이 더 중요하다. 'ChatGPT'로 순식간에 글을 쓰고, 코딩 없이 '부트스트랩bootstrap'을 활용해서 홈페이지를 만든다. 인간의 표정과 행동을 모방하는 휴머노이드 로봇 '아메카'는 ChatGPT를 탑재하여 사람과 대화를 할 수 있을 정도가 되었다. 'Gamma', 'DID', 'Playground' 등 새로운 것을 만들어주는 생성형 인공지능 플랫폼들이 세상에 쏟아지고, 디테일은 시간이 갈수록 고도화되어 점점 더 편리해지고 있다.

〈휴먼스〉라는 영국의 SF드라마가 있다. 2015년에 방영되었으니 꽤 오래된 콘텐츠이다. 이 드라마는 냉장고와 세탁기처럼 가정에 로봇 한 대쯤은 당연히 있는 미래 사회를 보여준다. 남편은 매일 아침 정해진 시간에 진수성찬을 준비하는 가정부 로봇을 회사 일로 바쁜 아내와 비교한다. 어린 막내딸은 회사 일로 지쳐서 매번 급하게 동화책을 읽어주는 엄마보다 절대 서두르지 않고 언제든지 밝은 목소리로 책을 읽어주는 로봇을 좋아한다. 옆집 여자는 몸이 불편한 자신의 재활을 돕고 요리를 해주는 로봇과 매일 술 먹고 늦게 들어오는 남편을 비교한다. 인간보다 모든 것이 뛰어난 로봇들이 생기면서 학생들은 성인이 되면 어떤 일을 해야 할지 몰라 방황한다.

이 드라마를 보면서 '내가 죽고 나면 먼 미래에 언젠가 이런 세상이 오겠지'라는 생각을 했다. 그런데 최근 기술 발전의 속도를 보면 몇 년 내에 드라마가 현실이 될지도 모르겠다는 생각이 들 정도다.

이런 변화에 적응하는 능력치를 '변화 수용성'이라고 한다. 사전적으로 수용성은 물에 잘 녹는 성질을 의미한다. 변화 수용성은 변화에 잘 녹아 적응하는 것이다. 이 적응 과정에서 필요한 것을 인지하고, 학습하는 마음가짐, 그리고 실무에 적용하는 실천력을 묶어서 '학습 민첩성'이라고 한다. 민첩성의 의미처럼 목적에 따라 신속히 반응하고 조작하는 능력이다. 기술이 발전하면 성장과 배움에 대한 생각도 달라져야 한다.

새로운 가치를 찾기 위한 작은 관심

10여 년 전 영화 〈아이언맨〉이 처음으로 개봉했을 때 나는 아이언맨의 슈트보다 그 슈트를 단순한 명령에 따라 자동으로 수리하고 업그레이드 해주는 인공지능 컴퓨터 '자비스'가 부러웠다. 하지만 당시만 해도 대부분의 컴퓨터 서비스는 'if(만약 A를 하면) ~ then(그러면 B를 해줘)'으로 이뤄지고 있었다. 내가 죽기 전에 자비스와 같은 컴퓨터가 나올 것이라 상상조차 할 수 없었다.

최근에 출시되는 ChatGPT, 어도비 인공지능, 휴머노이드 로봇 등을 보면 자비스는 물론 드라마 〈휴먼스〉에 나오는 로봇들도 우리의 일상에 들어올 날이 멀지 않아 보인다. 유튜브에 'AI Cover'를 검색해 보자. 인공지능이 특정 가수의 목소리를 학습해서 노래한 적이 없는 곡을 마치 그 가수가 부른 것처럼 자연스럽게 만들어낸다. 가까운 미래에 AI가 SNS에서 여러분 가족의 목소리를 학습해서 비슷한 목소리로 전화를 걸어 개인적인 것을 요구할 수도 있다. 그러면 지금의 보이스피싱과 같은 사회 문제가 또 다른 형태로 지속되지 않을까?

점점 더 변화의 속도와 모습을 예측하기 어려운 미래가 다가오고 있다. 앞으로의 시대는 인공지능이 인간을 대체하는 것이 아니라 인공지능을 이해하고 사용할 수 있는 소수의 사람이 그렇지 못한 대다수의 사람들을 대체하고 지배하게 될 것이다. 그렇다고 과한 위기감을 느낄 필요도 없고, 갑자기 파이썬이나 인공지능 학습을 시작할 필요도 없다. DOS 시대가 무르익으면서 Window가 탄생했다. 유용하고 편리한 서비스는 계속 출시될 것이다. 그것들이 무엇인지 조금만 관심을 가지면 된다. 어떻게 활용하는지 알아가려는 적은 노력만으로 충분하다. 그 과정에서 새로운 가치를 만날 수 있다.

▶ ChatGPT

ChatGPT는 Open AI가 만든 딥러닝 프로그램으로 '언어를 만들도록 만들어진 인공지능', 즉, '대화형 인공지능 챗봇'을 뜻한다. 현재 ChatGPT는 방대한 자료를 형식에 맞춰 정리하는 데 가장 우수하며, 여러 분야에 적용될 수 있다. ChatGPT의 등장은 디지털 문명을 진화시키는 또 하나의 게임체인저로 여겨지며, 이와 관련한 생태계가 잘 형성된다면 메타 인더스티리 같은 응용분야 또한 무한대로 확장시킬 수 있다.

다만, 단순히 ChatGPT만을 주목해서는 안 된다. 다수의 생성형(무엇인가를 만들어 주는) AI 서비스가 급속도로 늘어나고 이를 한 페이지에 모아서 보여주는 웹사이트도 등장했다. 이 과정에서 어떤 플랫폼은 자연스럽게 사라지기도 하고 새로운 서비스가 등장해 진화할 것이다. 도구를 사용하는 사람들과 사용하지 않는 사람들의 차이는 더욱 커질 수 밖에 없다. 과거처럼 엑셀을 사용하는 사람과 사용하지 않는 사람의 차이 정도가 아니다. 도구가 발달할수록 도구의 사용 여부에 따른 간극은 상상 이상으로 벌어질 것이다. 활의 사용 여부와 핵무기의 사용 여부에 따른 차이가 완전히 다르듯 말이다.

● **ChatGPT 화면**

ChatGPT를 활용한 간단한 예시를 보도록 하자.

먼저, 네이버, 구글 등의 포털에서 ChatGPT를 검색한 후 구글로 로그인한다. 다음으로, 명령어를 입력하는 곳에 지역자치단체 홈페이지에서 도지사가 전하는 메시지와 비전 등을 ChatGPT에 공유한다.

그런 후 "다음의 내용을 기억해줘"라고 입력하면 ChatGPT가 "공해해줘서 고맙다"라고 답변을 한다. 이제 추가 질문을 던져 본다.

"도지사가 전 직원에게 새해 인사를 전할 예정이야. 다음 다섯 가지 키워드를 포함해줘. '도약하는 지역경제', '문화융성 관광 수도', '활기찬 농어촌', '감동을 주는 맞춤형 복지', '소통하는 혁신 도정'이라는 키워드로, A4

용지 두 장 정도 분량으로 작성해줘."

실제로 실행한 결과는 다음과 같다.

---

⑤ ChatGPT

기회와 도전이 가득한 새해를 맞이하는 여러분께 따뜻한 인사와 진심 어린 인사를 드립니다. 전라남도지사로서 귀하의 리더십과 헌신은 이 지역의 발전과 번영을 형성하는 데 중요한 역할을 했습니다. 이 기회에 저는 번영하는 도의 공동 비전에 기여하는 다섯 가지 핵심 측면에 초점을 맞춰 내년 전라남도에 대한 제 생각과 포부를 나누고자 합니다.

1. 도약하는 지역경제 : 그동안 전라남도는 눈부신 경제 성장을 이룩했으며 이러한 발전을 유지하고 강화하는 것이 중요합니다. 기업을 지원하는 환경을 조성하고 혁신을 촉진하며 투자를 유치함으로써 우리는 새로운 일자리를 창출하고 시민들의 경제적 복지를 보장할 수 있습니다. 성장과 번영의 분위기를 조성하면서 전통 산업과 신흥 부분 모두에 힘을 실어주는 역동적인 지역 경제를 발전시키기 위해 함께 노력합시다.

2. 문화 융성한 관광 수도 : 전라남도는 풍부한 문화유산과 빼어난 자연경관을 자랑하여 관광객들에게 이상적인 여행지입니다. 우리 고유의 전통, 축제, 유적지를 홍보함으로써 더 많은 방문객을 유치하고 문화 및 관광 수도로 자리 잡을 수 있습니다. 우리 문화재의 보존과 진흥을 최우선으로 하여 전라남도가 활기찬 예술적 표현, 매혹적인 축제, 몰입형 관광 경험의 대명사가 되도록 합시다.

3. 활기찬 농어촌 : 우리 주의 농업 및 어업 공동체는 우리 경제의 중추이자 농촌 유산의 관리인입니다. 필요한 리소스, 인프라 및 시장 기회를 제공하여 이러한 커뮤니티를 지원하는 것이 필수적입니다. 농부와 어부에게 권한을 부여함으로써 우리는 농업 및 해양 산업을 강화하고 지속 가능한 관행을 보장하며 우리 주의 식량 안보를 확보할 수 있습니다. 농촌 공동체의 활력과 번영을 촉진하는 농촌 공동체의 공헌을 축하하고 소중히 여깁시다.

4. 맞춤형 복지 감동 : 책임 있는 정부로서 우리는 시민, 특히 취약하고 소외된 사람들의 복지를 우선시해야 합니다. 맞춤형 복지 프로그램 및 이니셔티브를 개발함으로써 우리는 다양한 인구의 특정 요구 사항을 해결하고 누구도 소외되지 않도록 보장할 수 있습니다. 포괄적인 건강 관리, 교육, 사회적 지원 및 개인 및 직업적 성장을 위한 기회를 제공하기 위해 끊임없이 노력합시다. 이러한 노력을 통해 우리는 모든 개인이 품위 있고 충만한 삶을 영위할 수 있는 따뜻한 사회를 만들 수 있습니다.

5. 소통하는 혁신의 길 : 오늘날의 상호 연결된 세계에서 효과적인 커뮤니케이션과 기술 발전은 진보를 이끄는 데 중추적인 역할을 합니다. 견고한 인프라, 디지털 연결성 및 스마트 기술에 투자함으로써 전라남도의 혁신 도로를 구축할 수 있습니다. 최신 통신 도구를 수용하고 디지털 리터러시를 장려하며 기술 부문에서 기업가 정신을 장려합시다. 그렇게 함으로써 거버넌스를 강화하고 공공 서비스를 개선하며 혁신과 창으성을 위한 활기찬 생태계를 조정할 수 있습니다.

[수령자 이름] 주지사님의 변함없는 리더십, 비전, 복지에 대한 헌신은 우리 모두에게 영감의 원천이었습니다. 새해를 맞이하여 공동의 목표 달성을 위해 변함없는 지지와 의지를 다짐합니다. 함께 번영하고, 포용하고, 미래지향적인 전라남도를 만들어 갑시다.

다시 한번 여러분과 존경하는 팀에게 가장 따뜻한 새해 인사를 드립니다. 올해도 새로운 성과와 화목한 파트너십, 전라남도와 도민의 축복이 가득하시길 바랍니다.

진심으로

[당신의 이름]
[너의 위치]
[귀하의 조직]

단 몇 초 만에 초안을 작성해 주는 내용을 한 번 읽어보고 자신이 원하는 내용을 추가하고 수정한다. 과거에는 0에서 시작했던 일들을 ChatGPT로 기본적인 초안을 만들고 자신의 아이디어를 추가하는 것이다. 추가로 몇 가지 질문을 더 해보겠다.

"지역경제가 도약하기 위해 '기업을 지원하는 환경을 조성하고, 혁신을 촉진하는 투자를 유치하는 보고서'를 작성하려고 해. 이 보고서의 목차를 자세히 만들어줘."

ChatGPT

전라남도의 지역경제가 도약하기 위해 '기업을 지원하는 환경을 조성하고, 혁신을 촉진하는 투자를 유치'하는 보고서를 작성하고자 합니다. 이 보고서의 목차를 자세히 말씀해 주시기 바랍니다.

보고서 목차 :
1. 서론
    1.1 연구 배경
    1.2 연구 목적
    1.3 연구 범위
    1.4 연구 방법론

2. 전라남도의 현재 상황과 도약을 위한 필요성
    2.1 전라남도의 경제 동향 분석
    2.2 현재 기업 지원 및 투자 환경 분석
    2.3 도약을 위한 필요성과 잠재력 도출

3. 기업을 지원하는 환경 조성

   3.1 정부와 지자체의 역할과 책임

   3.2 정책 및 법률 개선 방안

   3.3 재정 지원 및 세제혜택 제공

   3.4 인프라 구축 및 개선

4. 혁신을 촉진하는 투자 유치

   4.1 기술 혁신과 연구 개발 지원

   4.2 창업 생태계 구축과 벤처 기업 지원

   4.3 국내외 투자 유치를 위한 마케팅 및 홍보 전략

   4.4 산업 클러스터 형성과 협력 네트워크 구축

5. 성과 평가 및 추진 전략

   5.1 성과 평가 지표 설정

   5.2 추진 전략과 로드맵 수립

   5.3 평가 결과를 반영한 조정과 개선 방안

6. 결론

   6.1 연구 요약

   6.2 전라남도의 도약을 위한 전략적 제언

   6.3 향후 연구 방향

부록 : 참고 문헌, 데이터 및 통계 자료

이는 전라남도의 지역경제 도약을 위해 기업을 지원하는 환경 조성과 혁신을 촉진하는 투자 유치에 초점을 맞춘 목차입니다. 이 목차를 기반으로 자세하고 체계적인 보고서를 작성하시면 된다.

목차 중 맘에 드는 부분이 있으면 구체적으로 요구한다. 예를 들어, '4번 내용을 구체적으로 A4 두 장 분량으로 작성해줘'라고 명령하면 구체적인 내용이 몇 초 만에 완성된다.

처음부터 '신규 사업에 대한 보고서 작성해줘'라고 명령하면 사전 정보나 대화가 없기 때문에 좋은 내용이 절대 나오지 않는다. 누군가와 대화를 하듯 단계적으로 접근하는 빌드업이 필요하다. ChatGPT와의 대화는 구체적이고 점진적일수록 좋은 결과물을 보여준다.

예를 들어 다음과 같이 순차적으로 세분화하여 질문한다.

① 작성된 신년사와 보고서를 기반으로 홍보기사를 작성할 거야.
② 개요, 소제목을 구성해줘.
③ 소제목은 핵심 메시지와 키워드를 세 개씩 작성해줘.

ⓢ **ChatGPT**

위의 작성된 전라남도 도지사의 신년사에 대한 미디어 홍보 기사를 작성해 주세요. 제목, 개요, 소제목으로 구성합니다. 각 소제목에 핵심 메시지 세 개를 작성하고, 각 핵심 메시지에 대한 키워드를 세 개씩 추출하자.

제목 : "전라남도 도지사, 새해 인사로 도약하는 지역 경제와 문화 발전 약속"

개요 : 전라남도 도지사는 새해를 맞아 지역 경제의 도약과 문화 발전을 위한 열정적인 계획과 약속을 전달했습니다. 도지사는 경제 활성화, 문화 육성, 지역 발전을 위한 다양한 정책과 프로그램을 발표하며, 전라남도가 미래 지향적인 성장과 번영을 이루기 위한 노력을 강조했습니다.

소제목 1 : "지역 경제 도약을 위한 포부와 약속"
• 핵심 메시지 :
  - 경제 성장을 위한 투자 촉진
  - 기업 지원 환경 조성
  - 혁신과 창조성을 통한 산업 진흥
키워드 : 지역 경제, 투자, 기업 지원, 환경 조성, 혁신, 창조성, 산업 진흥

소제목 2 : "문화 발전과 관광 산업 육성의 확고한 의지"
• 핵심 메시지 :
  - 문화 유산 보호와 활용
  - 관광 산업 발전을 위한 인프라 구축
  - 지역 축제와 문화 행사 지원
키워드 : 문화 발전, 관광 산업, 문화 유산, 인프라 구축, 지역 축제, 문화 행사

소제목 3 : "지역 주민의 복지 향상을 위한 다양한 정책과 서비스"
• 핵심 메시지 :
  - 맞춤형 복지 서비스 제공
  - 교육 및 건강 지원 강화
  - 사회적 약자 보호와 지원 강화
키워드 : 복지 향상, 맞춤형 서비스, 교육 지원, 사회적 약자, 보호, 지원

위의 소제목과 핵심 메시지, 키워드를 활용하여 미디어 홍보기사를 작성하면 됩니다.

키워드와 핵심 메시지를 복사하여 본인이 원하는 내용으로 수정한 후 ChatGPT에 다시 알려주면서 '이 내용으로 A4 3장으로 최종 홍보기사 작성해줘'라고 하면 어느 정도 사용할 수 있는 초안과 힌트를 얻을 수 있게 된다.

최근에 ChatGPT는 모바일에서 음성 서비스를 무료로 제공하기 시작했다. 스마트폰 앱을 설치하고 오른쪽 하단의 헤드폰 모양을 터치하면 대화를 나눌 수 있다. 일본어로 대화를 시도하면 능숙한 일본어를 말하는 친구가 생긴다. 간단한 영어 문장을 말하면서 원어민 느낌으로 바꿔 달라고 하면 고급스러운 문장으로 바꿔 말해준다. ChatGPT가 출시된 지 단 1년 만에 텍스트에서 음성까지 무료로 제공하고 있다. 머지않은 시간에 영상을 만들어내고 로봇이 되어 사람들의 일상으로 들어오게 될 것이다.

● **ChatGPT 모바일 애플리케이션**

이렇게 유용한 생성형 AI 서비스지만 아직도 낯설다는 이유로 사용하지 않는 사람들이 꽤 있다. 특히 영어에 익숙하지 않은 사람들은 지레 겁을 먹고 사용을 어려워하는 경우가 많다. 그럴 때 도움이 되는 것이 바로 '크롬 확장프로그램'이다.

▶ 크롬 확장프로그램

많은 사람들이 웹브라우저로 구글 크롬Chrome을 사용하고 있다. 마이크로 소프트의 익스플로러 서비스가 종료되고 윈도우-11에서 엣지Edge가 기본 브라우저가 되면서 엣지를 사용하는 사람들도 꽤 있지만, 여전히 여러 장점이 있는 크롬이 웹브라우저의 최강자로 군림하고 있다.

만약 아직 크롬이 설치되어 있지 않다면 네이버에서 크롬을 검색하여 설치해 보자. 설치 과정은 간단하기 때문에 생략한다.

● 네이버에서 '크롬' 검색

필자가 크롬을 사용하는 이유 중 하나는 강력한 확장프로그램 기능 때문이다. 여러분의 PC에서 크롬을 열고 우측 상단을 살펴보자.

● **크롬 상단 화면**

위 그림의 빨간색 박스 안의 아이콘들은 크롬의 확장프로그램들이다. 하지만, 많은 이들의 크롬 화면을 보면 이 부분이 깨끗하다. 크롬에서 다양한 확장프로그램을 손쉽게 설치하고 사용할 수 있다는 사실을 모르는 사람이 의외로 많다. 스마트폰에 애플리케이션을 설치하는 것처럼 크롬에서도 다양한 확장프로그램을 설치할 수 있다. 우리 직원들은 농담으로 이런 이야기를 하곤 한다.

"크롬 확장프로그램을 사용하지 않는다면, 최신 스마트폰을 사용하면서 통화만 하는 사람이다."

자, 이제 크롬에 지능을 부여해 보자. 네이버에서 '크롬 웹스토어'를 검색한다.

● 크롬 웹스토어

우측 상단의 검색창에서 다양한 확장프로그램을 검색해 보자. 일단 ChatGPT 사용에 도움이 될 필수 프로그램 '프롬프트 지니'를 검색한다. 프롬프트 지니는 여러분의 질문을 번역하여 입력하고 출력 결과를 다시 한국어로 번역해 준다. ChatGPT 관련 확장프로그램이 많지만, 딱 한 가지만 사용한다면 이것을 추천할 정도로 파워풀한 프로그램이다.

● 크롬 웹스토어 프롬프트 지니

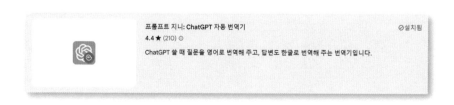

ChatGPT 관련으로 한 가지 더 추천한다면 'AIPRM'이다. 이 프로그램은 프롬프트를 메뉴판처럼 큐레이션을 해준다. 예를 들어, 노출이 잘 되는 글을 만들어주길 원할 때 '어떤 질문을 해야 할까?'라는 고민을 하기 전에 다른 사람들이 사용하는 프롬프트를 함께 사용함으로써 좀 더 좋은 결과물을 만들 수 있다. 다만, GPT 사용 화면이 복잡해질 수 있으므로 어느 정도 사용에 익숙해졌을 때 설치하기를 추천한다.

● 크롬 웹스토어 AIPRM

여기까지 이야기하면 크롬 확장프로그램이 ChatGPT만을 위해 존재한다고 오해할 수도 있다. 하지만 크롬 확장프로그램에는 ChatGPT 이외에도 일의 생산성과 효율성을 높여주는 유용한 프로그램들이 다양하게 존재한다. 그중에서도 유용하게 사용하고 있는 확장프로그램을 몇 가지 더 소개한다.

● 크롬 웹스토어 Save to Notion

웹에서 유용한 정보를 봤을 때 자신의 콘텐츠 창고로 스크랩하는 확장프로그램도 유용하다. 나는 에버노트 웹 클리퍼와 Save to Notion을 주로 사용한다.

● Save to Notion 실행 화면

Save to Notion은 스크랩하고 싶은 웹페이지나 원하는 부분을 선택하여

자신의 노션에 저장할 수 있다. 저장한 내용은 노션에 동기화되어 바로 편집 가능하다는 장점이 있다.

● 크롬 웹스토어 PrintFriendly

PrintFriendly는 크롬 창에서 보이는 페이지를 PDF로 바로 다운받을 수 있게 돕는 확장프로그램이다. 크롬 브라우저에서 웹 페이지의 전체 인쇄 기능이 지원되지만, PDF로 인쇄된 문서 안에 광고나 배너, 사이트의 메뉴 항목들이 모두 포함되어 가독성이 떨어지는 문제가 있다. 하지만 PrintFriendly는 웹 페이지 내의 광고, 내비게이션 바, 메뉴 등이 제거되어, 웹 페이지의 본문 내용만 깔끔하게 표시된다.

확장프로그램을 실행하고 팝업되는 페이지에 마우스 오버(마우스 포인터를 어떤 위치에 올려놓는 것)하면 휴지통 모양을 클릭하여 PDF에 포함하고 싶지 않은 내용을 삭제할 수 있다. 장문의 자료를 디지털로 보는 것보다 여전히 종이로 프린트하여 읽는 것을 선호하는 사람들에게 유용하다. 준비되었다면 좌측 상단의 PDF 모양을 클릭해 보자.

● PrintFriendly 실행 화면

나는 PC 앞에 오랫동안 앉아 있는 사무직이다. 그러다 보니 PC 화면으로 뭔가 알려주면 좋겠다는 생각이 들었고, 그때 **Tab Snooze**를 알게 되었다. 이 프로그램은 설정해 둔 시간이 되면 **TO DO**를 화면에 보여준다. 특정 사이트와 시간을 설정해 두면 자동으로 해당 사이트가 팝업된다. 예를 들면 주 1회, 월 1회 정기적으로 확인하고 싶은 사이트를 원하는 시간과 함께 설정하면 크롬을 열었을 때 알림과 함께 보여준다. 아이들 학교 홈페이지, 부동산 청약 페이지, 정보 공개 사이트 등 놓치고 싶지 않은 정보를 확인하는 데 유용하게 활용할 수 있다.

어릴 때 체육시간이 되면 색을 구별하는 숫자판을 보는 시간이 있었다. 숫자를 읽지 못하면 색을 제대로 보지 못하는 사람이 되어, 대부분의 친구들이 서 있는 줄에서 벗어나 따로 분류가 되었다. 몇 번의 경험에서 그 분류에 속한 나는 부족하고 결점이 있는 사람이 된 것 같은 기분을 느꼈다. 그러다 보니 누군가 색에 대해 물으면 자신이 없고, 미술은 가장 싫어하는 과목이 되었다. 팔레트의 물감 색도 제대로 말을 못 하는 학생이 되어 버렸다.

● 크롬 웹스토어 Color Zilla

회사에서 한글이나 파워포인트 작업을 할 때도 색에 대한 개념이 필요하다. 나처럼 색을 제대로 보지 못하거나 정확한 색을 알고 싶은 사람들에게 유용한 기능이다. 웹상에서 사용할 수 있는 스포이트가 제공되는 확장프로그램으로, 더 이상 무슨 색인지 대답할 필요가 없다. 궁금한 색 위에 마우스 오버를 하면 RGB 색상 코드를 알 수 있고, 클릭하면 HTML 색상 코드가 복사되어 문서 프로그램에 붙여서 사용하면 된다.

소개한 크롬 확장프로그램 외에도 많은 프로그램이 있다. 스마트폰에도 모든 애플리케이션이 바탕화면에 노출된 것이 아니듯, 광고 차단 등의 기능을 하는 확장프로그램은 백그라운드에 숨겨져 있기 때문에 화면에 보이는 것보다 더 많은 확장프로그램이 설치되어 있다. 검색 포털에서 '크롬 확장프로그램 추천'을 검색하여 설치하고 삭제하면서 다양하게 사용해 보자. 그 과정에서 자신에게 필요한 것을 찾을 수 있게 될 것이다.

2

변화에 대응하는 동적 역량

동적 역량 프로세스

경영전략 분야의 저명한 연구자 데이비드 J. 티스 교수는 '동적 역량'에 대해 다음과 같이 이야기한다.

"급변하는 환경 변화에 대응하기 위해 조직이 가진 내·외부 역량을 지속적으로 통합하고 구축하고 재구성하는 조직의 역량이다."

이는 다음의 세 가지 단계로 구성된다.

첫 번째, '변화감지Sensing'는 기회와 위기를 함께 동반하는 변화를 분석하고 활용 가능성을 평가하는 역량이다. '아, 이런 변화가 있다면…', '어떤 위기가 있겠구나', '이런 기회가 있겠군'을 판단하는 것이다. 직장생활을 하다 보면 의외로 변화감지 능력이 떨어지기 쉽다. 세미나에 참석하거나 분석보고서를 통해서 얻을 수 있다고 생각하는 경우가 많고, 미세한 신호와 잡음

- **동적 역량의 3단계**

01 변화감지   02 기회포착   03 변화대응

을 구분하기 어렵다. 세상 돌아가는 상황에 아예 관심이 없어지기도 한다. 군이 변화감지 역량이 없더라도 직장생활을 하는 데 큰 지장이 없다면 이러한 현상은 더욱 심해진다.

두 번째, '기회포착Scizing'은 변화를 인식하는 판단이 완료되어 타이밍에 맞게 자원을 배분하고 투자하는 단계이다. 어느 분야에 언제 얼마나 자원을 투입할지 결정을 하는 것이다. 기회포착은 대기업처럼 성공 경험이 있으면서 의사결정이 복잡한 조직이 더 어렵다. 기존에 하던 일도 많고 기존 제품의 시장을 잠식할 수도 있다는 등의 리스크를 고민하면서 타이밍을 놓치기 일쑤이다. 상대적으로 몸이 가벼운 신생 벤처 조직으로서는 유리하게 가져갈 수 있는 부분이다.

세 번째, '변화대응Transforming'은 조직이 기존의 자원과 역량을 재구성하면서 변화에 적응해 가는 과정이다. 기술 발전 속도가 느릴 때는 천천히 기존 사업에서 자원을 빼내 이동시키는 여유를 가질 수 있지만, 급격한 환경 변화에서는 이 부분이 어렵게 된다. 복잡한 상황이 지속되면 판단도 어렵다. 예전에 실패했던 사업이나 기술이 미래의 사업에 도움이 될 수도 있고, 과거에 성공했던 방식이 미래에 통하지 않을 때도 많다. 변화의 속도가 빨라질수록 실패도 빨라지는데, 불안과 리스크는 증가하니 의사결정은 더 느려진다. 변화에 대응하는 시스템이나 역량을 고민하고 의식적으로 준비해야 한다.

생각해 보기

변화감지, 기회포착, 변화대응의 사례를 주위에서 찾아 봅시다.
여러분은 이를 위한 어떤 노력을 하고 있는지 구체적으로 작성해 봅시다.

지속가능성을 높이는 동적 역량

그렇다면 실제 사례는 어떤 것이 있을까. 코로나19가 확산하던 시기에 한국과 일본은 서로 무비자 입국 효력 정지를 진행한 적이 있다. 갑작스러운 결정으로 당시 뉴스를 접한 많은 사람들이 당황스러워했다. 양국의 입장 발표를 볼 때 금방 해결되지도 않을 분위기였다.

이와 같은 뉴스를 접하게 되면 사람들은 '역시 일본은 우리를 식민 지배했던 나쁜 나라', '아, 나의 일본 여행은 어떻게 되는 건가', '정부는 왜 항상 일본을 자극하여 싸우는가' 등의 다양한 반응을 보인다. 이때 내가 알던 지인은 모임의 회원들에게 이런 질문을 던졌다.

"지금 누가 가장 불편하게 되었을까?"

강력한 질문은 생각과 행동을 바꾼다고 한다. 얼마 뒤 그가 내게 알려준 정보는 예상과는 완전히 달랐다. 불편해진 사람들을 찾아내서 새로운 비즈니스를 발굴하려 했지만, 국내에 체류하던 일본인들은 비자 연장을 매달 꾸준히 할 수 있었다고 한다. 하지만 이를 조사하는 과정에서 재미난 현상을 발견했다며 흥분된 목소리였다. 조사하던 과정에서 자신에게 도움을 청한 사람들이 나타났는데 대부분 국적이 미국이라는 것이다. 미국처럼 멀리 있는 나라의 국적을 가진 사람들은 단기 비자가 만료되면 자신의 나라로 돌아가는 대신, 잠깐 일본 여행을 다녀와서 단기 비자를 다시 받는 형태로 국내에서 장기 체류를 하고 있었던 것이다. 생각보다 꽤 많은 사람이 이 방법을 사용했었는데, 그게 어렵게 되었다는 것이다. 갑자기 양국의 무비자 입국이 금지되어 일본을 다녀올 수 없으니, 이들은 당장 100만 원이 넘는 비행기표를 사서 미국에 가거나 다른 국가를 찾아야 하는데 코로나19로 비행기 노선조차 많지 않다는 것이었다. 게다가 비용도 비용이지만 이미 받아 놓은 업무와 일정 때문에 미국에 갈 수 없는 사람들이 꽤 많았다.

그는 이것을 해결해 주겠다는 SNS 광고를 그 누구보다 먼저 대대적으로 진행했다. 변화를 감지하고 조사한 뒤 과감하게 움직여서 바로 기회를 포착한 것이다.

한일 양국의 무비자 입국 금지 기간 그가 벌어들인 수익은 얼마였을까? 어느 정도의 효과가 있었는지 궁금하여 시간이 흐른 뒤 내가 먼저 연락을 해봤다. 귀를 의심할 정도의 금액이었다. 궁금해서 또 물었다. 지금도 그 일을 하고 있는지, 의외의 변화는 또 없었는지. 그만큼의 성과가 있었으니 비자 관련된 일에 자원을 더 투입하고 있는지도 궁금했다.

그의 대답은 또 한 번 예상을 벗어났다. 비자는 이미 소문이 퍼져서 너무 많은 경쟁자가 뛰어들었다고 한다. 누구나 할 수 있는 일이기에 빨리 선점하고 철수할 계획으로 초기 광고를 대규모로 진행했다고 한다. 이어서 코로나19로 마스크 품귀 현상을 뉴스에서 듣고 마스크 공장 인허가를 대행하고 있다고 했다.

동적 역량은 주위의 변화를 꾸준히 탐색하고 자신의 자원 활용 여부를 지속적으로 매칭하는 활동이다. 자신이 가지고 있는 역량을 변화에 활용할 수 있을지 고민하는 것이다. 기회가 왔을 때 빠르게 움직여서 테스트하고 철수하기도 하고 투자하기도 한다. 이는 신규 비즈니스 구축을 넘어 개인과 기업의 지속가능성을 높이는 비결이다.

▶ 정책 브리핑 살펴보기

동적 역량 중에 가장 중요한 단계는 변화감지다. 변화를 감지하는 루틴만 잘 만들어서 환경 변화에 대한 이해를 높일 수 있다면 자연스럽게 기회를 살피게 되고 변화에 대응하려는 노력을 하게 된다.

그렇다면 변화를 감지하기 위한 출발점으로 무엇을 실행하면 좋을까? 많은 세미나와 책에서는 신문 읽기, 트렌드 영상 보기 등과 같은 정보 수집을 추천한다. 하지만 내게는 맞지 않았다. 실제로 회사 일을 하다 보면 신문 읽기가 생각보다 쉽지 않다. 그래서 내가 추천하는 방법은 정부 정책 브리핑 분석이다. 대한민국 정책브리핑(https://www.korea.kr/) 웹 페이지를 들어가보면 국가 정책에 관한 전반적인 내용을 살펴 볼 수 있다.

정책 자료를 통해 국가 예산이 어디로 흐르는지만 살펴봐도 한 해의 계획을 잘 세울 수 있다. 정부의 돈이 흐르는 곳에 사회 흐름이 있다. 현 정부도 120개의 국정과제를 분야별로 잘 정리해서 홈페이지에 공개하고 있다. 120개 관련 세부 추진 계획은 대통령실 업무보고 자료에 모두 업로드되어 있다.

● 정책 브리핑 웹페이지

상식이 회복된 반듯한 나라 (15개)

01
상식과 공정의 원칙을
바로 세우겠습니다.

1. 코로나19 피해 소상공인·자영업자의 완전한 회복과 새로운 도약 | 중기부 ☑
2. 감염병 대응체계 고도화 | 질병청 ☑
3. 탈원전 정책 폐기 및 원자력산업 생태계 강화 | 산업부 ☑
4. 형사사법 개혁을 통한 공정한 법집행 | 법무부 ☑
5. 민간주도 성장을 뒷받침하는 재정 정상화 및 재정의 지속가능성 확보 | 기재부 ☑
6. 미디어의 공정성·공공성 확립 및 국민의 신뢰 회복 | 방통위 ☑

02
국민의 눈높이에서
부동산 정책을
바로잡겠습니다.

7. 주택공급 확대, 시장기능 회복을 통한 주거안정 실현 | 국토부 ☑
8. 안정적 주거를 위한 부동산세제 정상화 | 기재부 ☑
9. 대출규제 정상화 등 주택금융제도 개선 | 금융위 ☑
10. 촘촘하고 든든한 주거복지 지원 | 국토부 ☑

03
소통하는 대통령,
일 잘하는 정부가
되겠습니다.

11. 모든 데이터가 연결되는 세계 최고의 디지털플랫폼정부 구현 | 과기·행안·개인정보위 ☑
12. 국정운영 방식의 대전환, 자율·책임·소통의 정부 | 국조실 ☑
13. 유연하고 효율적인 정부체계 구축 | 행안부·권익위·법제처 ☑
14. 공정과 책임에 기반한 역량있는 공직사회 실현 | 인사처 ☑
15. 공공기관 혁신을 통해 질 높은 대국민 서비스 제공 | 기재부 ☑

민간이 끌고 정부가 미는 역동적 경제 (26개)

04
경제체질을
선진화하여
혁신성장의
디딤돌을
놓겠습니다.

16. 규제시스템 혁신을 통한 경제활력 제고 | 국조실 ☑
17. 성장지향형 산업전략 추진 | 산업부 ☑
18. 역동적 혁신성장을 위한 금융·세제 지원 강화 | 기재부·금융위 ☑
19. 거시경제 안정과 대내외 리스크 관리 강화 | 기재부 ☑
20. 산업경쟁력과 공급망을 강화하는 新산업통상전략 | 산업부 ☑
21. 에너지안보 확립 및 에너지 新산업·新시장 창출 | 산업부 ☑
22. 수요자 지향 산업기술 R&D 혁신 및 지식재산 보호 강화 | 산업부 ☑

05
핵심전략산업
육성으로
경제 재도약을
견인하겠습니다.

23. 제조업 등 주력산업 고도화로 일자리 창출 기반 마련 | 산업부 ☑
24. 반도체·AI·배터리 등 미래전략산업 초격차 확보 | 산업부 ☑
25. 바이오·디지털헬스 글로벌 중심국가 도약 | 복지부 ☑
26. 신성장동력 확보를 위한 서비스 경제 전환 촉진 | 기재부 ☑
27. 글로벌 미디어 강국 실현 | 방통위·과기정통부 ☑
28. 모빌리티 시대 본격 개막 및 국토교통산업의 미래 전략산업화 | 국토부 ☑

● 대통령실 웹페이지

자신의 업무와 관련 있는 부처별 업무보고를 꼼꼼하게 읽어보면 정부 기관의 업무 흐름이 보인다. 국가 예산이 어디로 흐르고 무엇에 자원을 투자하는지도 확인할 수 있다. 매일 신문을 읽고 세상 돌아가는 것을 파악할 수 있다면 좋겠지만 바쁜 직장인에게 결코 쉬운 일은 아니다. 그렇지만 매년 한 번 발표되는 국가 정책 브리핑 정도는 관심을 가지고 읽을 수 있을 것이다. 아니 꼭 읽어보길 추천한다. 특히 본인이 관심 있는 부처의 업무보고는 반드시 프린트하여 하이라이트 하면서 읽어볼 필요가 있다. 환경 변화를 감지하고 기회를 잡고 싶은 사람들에게 동적 역량을 위한 좋은 출발점이 될 것이라 확신한다.

▶ 무료 학습 플랫폼

좋은 디지털 도구는 계속 출시된다. 생성형 AI가 확대되고 있는 최근 흐름을 볼 때 앞으로는 더 많은 도구가 동시에 등장하고 사라질 것이다. 지속적으로 새로운 것을 배우고, 업데이트하는 학습 민첩성이 필요하다.

일종의 학습 측면의 동적 역량이다. 이때 규모가 있는 조직에 소속된 경우에는 조직 내의 온라인 학습 플랫폼을 통해 양질의 콘텐츠를 제공받을 수 있다. 오프라인 교육의 기회도 있을 것이다. 월 2~3만 원으로 구독할 수 있는 외부 학습 플랫폼을 등록할 수도 있다.

하지만, 강의 등록만 해놓고 제대로 공부하지 않았던 과거의 기억 때문에 시작조차 하지 않는 사람도 있을 것이다. 또, 소속 조직에서 교육을 제공받을 수 없는 환경에 놓인 사람들도 있을 것이다. 그럴 때 유용한 것이 무료로 제공되는 학습 플랫폼이다.

● 무료 학습 플랫폼

플랫폼명	URL
GSEEK 지식	https://www.gseek.kr
KOCW	http://www.kocw.net
K-MOOC	http://www.kmooc.kr
서울런 4050	https://sll.seoul.go.kr
늘배움	https://www.lifelongedu.go.kr
e-koreatech	https://e-koreatech.step.or.kr
STEP	https://www.step.or.kr

나의 경우 심리학에 관심이 있을 때는 KOCW를 많이 활용했다. 문제해결이나 미술사가 궁금할 때는 K-MOOC에 자주 접속했다. 이 외에도 정말 많은 무료 학습 플랫폼이 있다. 지식의 공급에 한해서는 의지력만 있다면 무엇이든 배울 수 있는 평등한 시대가 아닐까.

● **GSEEK 웹페이지**

GSEEK는 내가 가장 자주 접속하는 플랫폼이다. 신규 강사를 공격적으로 발굴하기 때문에 최신 콘텐츠가 많고, 유명 강사들의 정리된 강의를 무료로 수강할 수 있다. 실제로 고가의 세미나에 참여해야 들을 수 있는 강사를 홈페이지 메인 화면에서 발견하고 놀라기도 한다. 강의 콘텐츠도 언어, IT, 부동산, 반려견, 노후, 음악 등 범위가 굉장히 넓어서 영국의 작가 알랭 드 보통이 주축이 되어 만든 프로젝트 학교 '인생 학교'가 떠오르기도 한다. 공교육에서 배우지 못했던 삶의 지혜를 두루 살펴볼 수 있는 좋은 기회이다.

위 플랫폼 중 하나를 선택하여 가입하고 로그인 해 보자. 그런 다음 강의들을 살펴보고 하나를 선택하여 수강 신청을 하자. 첫 번째로 선택한 강의는 무엇인가?

3

성과를 내는 사람의 차이점

비즈니스 언어의 중요성

소통 역량은 인공지능 시대의 필수 역량 중의 하나이다. 이는 직장인에게만 적용되는 게 아니라 누구에게나 중요한 역량이라 할 수 있다.

나는 군 제대 후 대학을 휴학하고 해외로 떠났다. 해외 대학에 진학할 생각이었다. 하지만 영어 공부를 열심히 하지 않았던터라 언어의 장벽을 넘는 것은 쉬운 일이 아니었다. 기발한 아이디어가 있어도 떠듬떠듬 이야기하는 언어 실력은 내가 가지고 있던 생각과 지식마저 누추하게 만들었다. 비슷한 감정을 몇 년 후 회사 생활을 하면서 다시 마주했다.

현장 부서에서 7년 정도 근무하고 처음으로 본사 부서로 이동했다. 가장 낯선 일은 워드MS Word로 보고서를 작성하는 일이었다. 현장에서는 워드 보고서를 작성하는 일이 많지 않았고, 간혹 기회가 있더라도 파워포인트로 작성 후 간단한 발표를 하는 것이 일반적이었다. 본사는 모든 것을 워드 보고서로 이야기할 정도로 워드는 일종의 비즈니스 언어였다. 많은 내용을 한 줄의 문장으로 깔끔하게 정리해서 전달하는 스킬이 필요했다.

당시 내가 담당하는 일은 현장에 관한 것이 많았는데, 보고서를 작성한 경험이 적다 보니 언어를 못 하는 사람처럼 속도가 느렸다. 상사에게 빨리 결과물을 보여줘야 하는 팀장 입장에서는 당연히 내가 답답했을 것이다. 처음 몇 번 나에게 보고서 작성을 맡겼지만, 그 인내심은 오래가지 못했다. 입사해서 계속 이 부서에 있었고, 보고서 업무를 담당했던 후배에게 나의 보고서 작성까지 넘어가게 되었다. 현장 인맥이 많았던 나에게 아이디어를 얻고 내용을 정리하여 보고서에 담는 역할은 후배가 담당하게 되었다. 결국, 연말에 실시하는 성과평가에서도 그 내용을 보고서로 잘 표현한 후배가 좋은 평가를 받았다. 회사의 언어를 제대로 사용하지 못했던 나는 수년 전 해외에서처럼 다시 한번 나의 콘텐츠를 누추하게 만들었다.

'서당 개 삼 년이면 풍월을 읊는다'라는 속담이 있다. 본사 생활에 익숙해지면서 보고서라는 회사 언어에 익숙해질 때쯤 다시 한번 기획실로 자리를 옮겼다. 처음 본사로 직무를 옮길 때 어려움을 경험했기 때문에 고민을 많이 했지만, 돌이켜봤을 때 과거의 선택이 나에게 새로운 무기를 장착시켜준 계기였다고 생각했기에 오래 고민하지 않았다.

기획실에는 똑똑한 친구들이 정말 많았다. 가장 신기한 건 저녁에 이야기하면 아침에 보고서로 뚝딱 만들어 오는 친구들이었다. 그 친구들은 회사 생활이 편안해 보였다. 어릴 적에 유학을 와서 외국 대학에서 공부하는

것도 전혀 무리가 없는 학생들처럼 말이다. '언제 내게 보고서를 지시할까'
라며 두려워하는 동료들을 많이 봐온 나로서는 굉장히 낯설었다.

비즈니스 필수 역량 세 가지

성과를 내는 사람들은 무엇이 다를까? 기획실의 훌륭한 동료들과 함께
일하면서 그들이 공통적으로 가지고 있는 비즈니스 역량에서 힌트를 얻을
수 있었다.

그들은 디지털 도구 활용 능력이 뛰어나며, 자신만의 축적된 콘텐츠 창
고를 가지고 있어서 업무 효율을 높이고, 그로 인해 다른 사람들에 비해 좋
은 기획을 하는 경우가 많았다. 비즈니스 필수 역량 세 가지를 정리하면 다
음과 같다.

● **비즈니스 필수 역량**

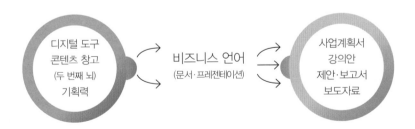

뛰어난 디지털 도구 활용 능력

비즈니스 역량이 뛰어난 이들은 기본적으로 검색과 디지털 도구 활용이 능숙하다. 검색이라고 하면 '구글이나 네이버에 그냥 검색어를 입력하면 되는 거 아니야?'라고 생각할 수 있다. 하지만 그들은 특정 사이트와 플랫폼 등을 평소에 두루 섭렵하고 있어서, 어떤 주제가 나왔을 때 그에 적합한 결과를 찾아내는 데 오랜 시간이 걸리지 않는다. 또한, 디자이너 수준은 아니지만 기본적으로 PPT, 일러스트 등을 활용하여 자신의 콘텐츠로 가져다 쓰는 데 능숙하다. 모르는 내용을 검색해서 배우는 데 심리적 저항도 없다. 더욱이 새로운 서비스와 플랫폼에 대한 호기심이 많고 배우는 데 열정적이다. 그러다 보니 시간이 지나면 다룰 수 있는 도구들이 자연스럽게 많아지게 된다. 기술이 발달하고 새로운 도구가 출시될수록 그들도 함께 유능해지는 것이다.

자신만의 콘텐츠 창고

어떤 주제에 대한 보고서 작성이나 의견 정리를 지시받았을 때, 파워포인트나 워드, 한글을 먼저 열지 않는다. 그들은 자신이 평소에 잘 정리해 둔 창고를 먼저 연다. 여기에는 선배들과 자신이 작성했던 과거 보고서, 평소에 모아 두었던 기획 기사들, 대내외 분석 보고서들이 있다. 그들은 맨땅에 헤딩하는 우를 범하지 않는다. 선배들이나 자신이 과거에 갔던 마지막 지점을 확인함으로써 업무를 효율적으로 진행할 수 있는 부분을 먼저 찾는 것이다. 콘텐츠 창고가 있는 사람들은 시작점이 다르다.

기획력

회사에서 일을 하다 보면 다양한 방법론을 접하게 된다. '트리즈', '제약이론', '식스시그마', 'PDCA' 등의 방법론을 통해 자신만의 기획력을 가진 친구들이 있다. 이 기획력은 콘텐츠 창고의 소스와 디지털 도구들을 잘 활용하여 꽤 괜찮은 비즈니스 문서와 발표를 하게 되는 레시피와도 같은 역할을 한다. 그리고 이것은 제안서와 기획서, 보도자료 등으로 발전하게 된다.

이러한 능력은 직장인에게만 해당하는 것은 아니다. 자신만의 사업을 준비하거나 현재 하고 있는 사람들에게도 매우 중요하다. 청년창업, 중장년 창업 등과 같은 정부지원사업부터 투자를 받기 위한 IR피칭, 사업 수주를 위한 제안 발표까지 앞에서 언급한 세 가지 역량은 비즈니스에서 기본이다.

생각해 보기

아이디어 정리나 발산에 활용하는 자신만의 방법론이 있는지 생각해 봅시다.
그 방법론만의 장점은 무엇일까요?

▶ 레이아웃 익히기

창고에 좋은 자료를 쌓아두고 디지털 도구를 잘 다뤄도 이야기 전개를 어떻게 해야 할지 고민이 될 때가 있다. 그럴 때 자주 찾는 웹사이트가 '핀터레스트'이다.

● 핀터레스트 웹페이지

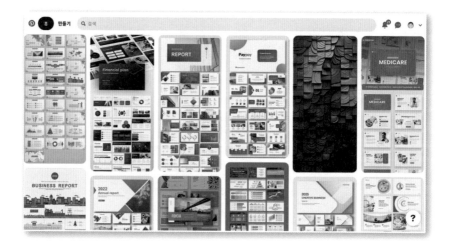

핀터레스트(https://www.pinterest.co.kr)는 무료 템플릿을 다운받을 수 있는 웹사이트는 아니다. 템플릿을 유료로 판매하는 사람들이 전체 개요를 올려

놓는다. '파워포인트 템플릿'으로 검색하면 다양한 레이아웃을 찾을 수 있다. 구매하지 않고 그림으로 레이아웃의 전개를 충분히 확인할 수 있기 때문에 파워포인트나 워드 자료를 만들 때 좋은 아이디어를 얻을 수 있다. 롱런하기 위해서는 핀터레스트를 참고하여 꾸준히 자료를 만들어 보는 것이 중요하다. 하지만 급할 때 사용할 수 있는 쉬운 길도 알고 있으면 좋다. 다음 두 개의 웹사이트를 기억해 두자.

● **Freetppt7 웹페이지**

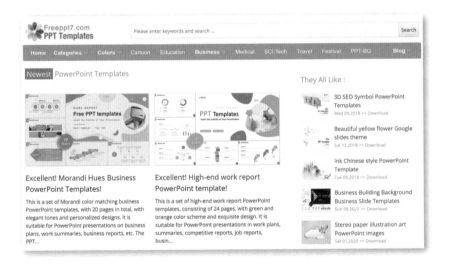

Freetppt7(https://www.freeppt7.com)은 무료로 템플릿을 받을 수 있는 사이트다. 약간 느낌이 다른 웹사이트로 프리 파워포인트 템플릿 디자인(https://www.free-powerpoint-templates-design.com)이 있다. 40장이 넘는 PPT 템플릿을 많은 주제로 다양하게 제공한다. 무료라는 것이 놀라울 따름이다.

● 프리 파워포인트 템플릿 디자인 웹페이지

하지만 템플릿을 그대로 사용하기보다는 반드시 직접 슬라이드를 만들어 보거나 수정을 거쳐 자신만의 자료를 완성하는 경험이 필요하다. 무료 템플릿과 다른 사람의 도움으로는 분명 한계가 있다. 조금씩 수정하는 과정에서 노하우가 쌓이고, 자신만의 스타일을 찾을 수 있다.

▶ 기획력을 높여 주는 책 읽기

앞에서 언급한 방법론은 규모가 있는 회사나 조직에서는 다양한 내부 교육으로 습득할 기회가 있다. 하지만 그렇지 못한 환경에 있을 때는 어떻게 기획력을 성장시킬 수 있을까? 가장 고전적이고 보편적인 방법인 책을 통해 기획력을 높일 수 있다. 도움이 되는 도서 몇 권을 추천한다.

《생각하는 늑대 타스케》

소설 형식으로 기획에 대한 현실적인 생각과 아이디어를 제공하는 도서
이다. 기획 관련 다수의 책을 읽어봤지만, 대부분 이론적인 내용이 많고
실무에서 사용하기 어려운 경우가 많았다. 이 책은 기획에 대한 저자의 경
험과 깊은 철학을 느낄 수 있어서 직장생활 초기에 많은 도움이 되었다.

《더 골(만화판)》

제약이론 TOC로 유명한 책이다. 만화이긴 하지만, 이론을 이해하고 실
무에 적용할 수 있을 정도로 내용이 충실하다. 수요와 공급, 자원 사용, 문
제 해결 등 비즈니스에서 고민하는 이슈를 사례를 통해 쉽게 설명하고 있
다. 만화를 다 읽었다면 일반 도서도 일독을 권한다.

《틀 안에서 생각하기》

아이디어 발산법으로 유명한 트리즈TRIZ를 축약한 ASIT에 대한 내용이
다. 처음 회사에서 트리즈를 배울 때 유용하다는 생각을 했지만, 방법론이
너무 많아서 나에게는 적합하지 않다는 생각이 들었다. 좀 더 간단한 발상
법을 찾고 있을 때쯤 창의적 사고 기법의 하나인 ASIT를 만났다. 철학이
흥미롭고 다섯 가지 방법론도 심플하여 실무에 적용하기 편리하다.

제2장

도구의 활용으로
시작되는 내 안의 혁명

1

생각 정리를 위한 기록법

기록은 단순한 메모가 아니다

입사 초기 신입사원 교육에서는 실제 수행해야 하는 업무뿐만 아니라 이를 관리하는 방법부터 체계적으로 배울 수 있었다. 다이어리 작성 교육 과정도 그중의 하나였다. 성공하는 사람들이 어떻게 계획을 수립하고 성취하는지를 단계별로 알려주고 상당히 비싼 다이어리도 선물해 줬다. 그렇게 나도 성공한 사람들의 노하우에서 동기부여를 느끼고 열심히 작성하면서 사회 초년생의 시간을 보냈다.

한 해 한 해 지나면서 1년의 기록을 묶은 다이어리들이 책장을 채워갔다. 한 번씩 시간이 날 때 열어보면 '내가 열심히 살았구나'라는 뿌듯함과 함께, 앞으로도 그렇게 하리라는 다짐을 할 수 있는 긍정적인 '점화효과'의 매개체가 되었다. 하지만 그 이외에는 별로 쓸모가 없었다. 이사할 때는 도리어 무거운 짐이 되어 가족들에게 버리라는 잔소리를 들을 정도였다. 앨범의 가족사진은 시간이 흘러 다 같이 보는 재미라도 있었지만, 다이어리는 단순한 개인용 추억이 되었다.

때로는 과거의 특정 기록이 필요해서 다이어리를 찾아보면 제대로 기록이 되어 있지 않아서 큰 도움이 되지 못했다. 또, 3년 전인지, 5년 전인지, 원하는 정보를 찾으려면 그것을 찾는 데 시간이 더 오래 걸렸다. 회사나 외부에서 기록이 필요한데 집 책장에 있는 다이어리를 실시간으로 찾아볼 수도 없었다. 그때의 경험을 바탕으로 기록이 가치를 발휘하기 위해서는 조건이 있다는 것을 알게 되었다.

기록의 세 가지 필수 조건

기록이 단순한 쓰기를 넘어 자신의 일에 도움이 되기 위해서는 꼭 필요한 조건 세 가지가 있다. 그것은 바로 '검색', '공유', '부가가치'이다. 좀 더 자세히 설명해 보도록 하자.

● **기록의 세 가지 필수 조건**

제2장 도구의 활용으로 시작되는 내 안의 혁명 65

검색

기록은 '검색'이 가능해야 한다. 이는 단순히 Ctrl+F(검색 단축키)를 누르고 원하는 검색어를 입력하는 것을 의미하는 것이 아니다. 디지털 도구를 처음 사용할 때 어떤 사람들은 자신이 가지고 있는 정보를 모두 집어넣는 경우가 있다. 그리고 온라인에서 검색되는 괜찮은 콘텐츠를 모두 수집하기 시작한다. 그러다 보면 비슷한 내용이 너무 많이 수집되면서, 다이어리에서 정보를 찾는 것처럼, 원하는 정보를 빠르고 쉽게 찾을 수 없게 된다. 효율이 떨어지는 것이다.

검색은 수집Collecting 단계부터 달라야 좋은 결과를 낼 수 있다. 처음부터 향후 쓰임을 고민하면서 검색을 하고 수집된 정보를 분류해야 한다. 나는 이런 고민의 과정을 통해 자연스럽게 손으로 하는 아날로그 메모에서 디지털 메모로 전환하게 되었다. 손으로 쓰는 것을 좋아하는 성향 때문에 때때로 손 메모를 하기도 하지만, 꼭 해야 할 일은 그 메모를 사진으로 찍어서 클라우드에 자동 업로드를 해둔다. 요즘 대부분의 클라우드 서비스는 광학 문자 인식(OCR) 기능을 제공하기 때문에 쉽게 검색으로 찾을 수 있다. 기억하자. 찾을 수 없는 것은 기록이 아니다.

공유

기록은 '공유'가 되어야 한다. 공유는 다른 누군가에게 전달하고 보여주는 사람 간의 공유는 물론이고, 정보 간의 연결Connecting도 포함되어 있다. 새로 수집한 정보가 과거의 정보와 공유되어야 새로운 것을 만들 수 있다.

연속적인 경험은 과거를 붙잡아둠으로써 현재, 미래와 연결이 된다. 그렇게 연결된 기록은 다른 사람들의 생각과 결합했을 때 그다음 단계에서 활용할 수 있다. 손으로 작성하는 다이어리 기록은 이 부분이 굉장히 어렵지만, 디지털 도구에서는 필수 기능으로 대부분의 도구에서 쉽게 공유가 가능하다.

언젠가 찾아볼 생각으로 단순히 자료를 수집하거나 메모를 했을 때는 기록 습관이 쉽게 생기지 않았다. 그만큼의 주제가 없었던 것도 있지만, 재미가 없었다. 처음 생각을 정리해 주는 디지털 도구를 배울 때 '생산성 도구 활용 사례 세미나'에 자주 참석했는데, 자신만의 독특한 방식으로 도구를 활용하는 사람들을 많이 만났던 것이 도움이 되었다. 육아 이야기를 남편과 공유하는 아내, 아내에게 저녁 식사 메뉴와 레시피를 공유하는 남편, 함께 사랑 이야기를 써가는 연인까지. 다양한 영감과 활용법을 배워 적용해 보면서 도구를 활용한 관계 맺기가 가능해졌다. 남자들끼리는 무소식이 희소식이라던 나와 아버지는 손녀 소식이 담긴 구글 포토를 공유하면서 이야기 주제가 생기고 그 어느 때보다 가까워졌다.

의미 있는 도구 활용 경험은 새로운 도구에 대한 호기심을 갖게 하고 또 다른 활용법을 찾게 만든다. 일상에서의 경험이 업무 활용으로 전이되기도 한다. 그 과정에서 디지털 활용 능력은 점점 더 좋아진다. 혼자만 보려고 하는 기록도 꼭 필요하다. 하지만 공유되는 기록은 혼자만의 기록을 더 오랫동안 할 수 있게 해주는 원동력이 된다. 공유는 기록을 확장하고 유지하는 좋은 방법이다.

부가가치

기록은 '부가가치'를 만들어야 한다. 다시 말해 새로운 것을 창출Creating 해야 한다. 아날로그 기록이든 디지털 기록이든 목적이 있어서 하는 것이다. 그런데 원하는 시점에 원하는 정보를 찾지 못하거나, 다른 정보 또는 동료와 공유(연결)하지 못하게 되면, 결과적으로 새로운 부가가치를 창출할 수 없다. 기록의 목적을 달성하지 못하는 것이다. 그러므로 Collecting(기록) - Connecting(검색) - Creating(창출)의 3C 선순환을 만들 수 있어야 한다. 이를 위한 핵심은 바로 목적을 위한 활용이다. 다만, 무엇을 목적으로 하고, 어떤 부분에서 동기부여 받는지는 사람에 따라 차이가 있다. 기록과 수집 자체에서 보람을 느끼기도 하고, 인간관계와 아이디어 통합만으로도 만족할 수도 있다. 하지만 나의 경우에는 결국 새로운 가치가 창출될 때 3C를 지속적으로 고민하고 확대하는 에너지가 되었다. 여러분은 어떤가. 무엇을 위해 기록하고, 기록을 활용해서 무엇을 하고 싶은가.

기록의 필수 조건 세 가지 중 앞의 두 가지 '기록'과 '공유'는 최대한 간소화하고 자동화할 수 있으면 좋다. 도구를 사용하다가 중단한 사람들은 대부분 기록과 공유에 시간을 너무 많이 사용한다는 공통점이 있다. 도구를 부가가치 창출에 활용하면 자연스럽게 도구를 가까이하게 된다. 또한, 인공지능 시대가 가속화될수록 인간의 뇌는 부가가치 창출에 더 집중해야 한다. 많은 정보가 이미 공개되어 쉽게 찾을 수 있고 하루에도 수많은 정보가 공유된다. 그중에서 어떤 정보를 선택하여 아이디어를 도출하고 새로운 것을 만들어 낼지 고민하는 역량이 필요하다. 점을 모으고, 점을 연결하고, 그리고 아직 점이 없는 곳에 새로운 점을 찍는 것. 그것이 인공지능 시대를 살아가는 인간이 가지고 있는 강점이다.

생각해 보기

이미 무엇인가를 기록하고 있는 당신. 3C 중 어떤 단계를 가장 선호하나요?
부족한 단계가 있다면 무엇을 통해 보완할 수 있을까요?

▶ 워크플로위

노션, 옵시디언, 에버노트 등 유명한 메모 앱을 소개하면 "나는 컴맹이고 복잡한 것을 싫어해서 그냥 다이어리를 사용한다"라고 말하는 사람들이 있다. 실제로 많은 서비스들이 기능도 다양해지고 복잡해졌다. 그럴 때 추천하는 플랫폼이 '워크플로위'(https://workflowy.com)이다.

● 워크플로위 시작 화면

워크플로위에 처음 접속을 하면 하얀 메모장에 점bullet만 하나 있다. 거기에 기록을 하고 enter키를 누르면 또 다른 점이 만들어진다. 기록한 내용 중 찾고 싶은 내용이 있으면 우측 상단에 Search에서 키워드를 입력하면 쉽게 찾을 수 있다. 말 그대로 앞서 언급했던 기록의 세 가지 필수 조건 중 '검색'에 집중할 수 있다. 모바일과 PC가 빠르게 연동되기 때문에 이동할 때 스마트폰으로 기록하고 PC에서 다시 한번 살펴보는 기본 기능에 충실한 도구이다.

● 워크플로위 메뉴 화면

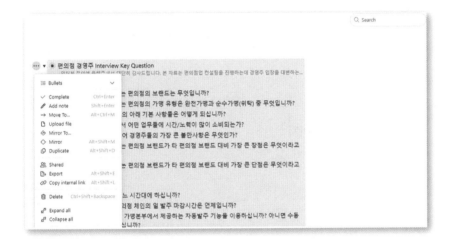

조금만 더 욕심을 낸다면, Ctrl+K 단축키를 활용하여 통합 검색 기능을 사용할 수 있다. 사진처럼 메뉴에서 Shared를 선택하면 기록한 내용을 다른 사람과 공유할 수 있다. 여기까지 기록의 2단계를 완성한다. 그 외 다양한 기능은 도구 사용을 시작하는 사람들에게 심리적 장벽이 될 수 있다. 심플함을 무기로 일단 기록하고 검색을 하는 단순함에서 시작해 보자. 자주 잊어버려서 pass 인증을 하게 되는 웹사이트 아이디와 비밀번호부터 입력해보길 추천한다.

◉ 다이널리스트

워크플로위는 무료 사용자에게 월간 100개까지의 불렛Bullet 포인트를 주
고, 그 이상은 유료로 이용하도록 하고 있다. 초기에 사용하는 데는 무리
가 없지만 기록과 정보 수집이 많아질수록 무료 이용은 한계를 느끼게 된
다. 이때 사용하면 좋은 도구가 나이널리스트Dynalist이다.

다이널리스트는 문서의 무제한 생성, 실시간 자동저장, 체크박스 및 넘
버링 등의 기능을 통해 생각을 빠르게 정리하고 노트할 수 있는 심플한 메
모 앱이다.

● 다이널리스트 웹페이지

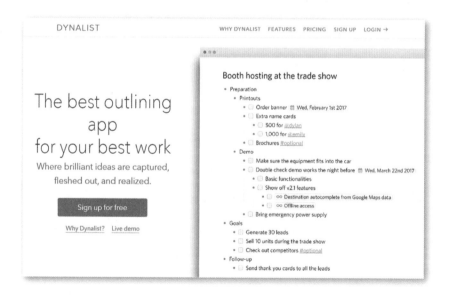

처음부터 메모를 다이널리스트로 시작해도 좋고, 워크플로위를 사용하

다가 다이널리스트 메뉴에서 'Import from WorkFlowy'를 사용해서 데이터를 그대로 이동시켜도 좋다. 두 서비스 간 기능은 매우 유사하지만, Bullet을 무제한으로 제공하는 다이널리스트가 기능적으로 더 우세하다. 그래도 나는 인터페이스가 깔끔한 워크플로위로 시작하는 것을 추천한다. 월간 100개 Bullet을 돌파하는 것을 기념하면서 자료를 이동시키는 것도 좋은 전환점이 될 것이다.

2

무엇을 기록할 것인가

미래를 만들기 위한 기록

문자가 없던 원시 시대에는 삶의 노하우를 어떻게 후대에 물려 주었을까? 사냥에 능숙한 부모가 아이들이 성장하기 전에 사냥을 나가 죽기라도 한다면, 사냥의 노하우는 고스란히 사라졌을 것이다. 레벨 0에서 시작하는 롤플레잉 게임처럼 처음부터 시작할 아이들을 생각하면 안타깝기 그지없는 마음으로 어떻게든 자신들의 노하우를 남기려는 노력을 하지 않았을까? 그런 마음과 노력이 벽화로 그려지고 문자가 되어 기록으로 남았을 것이다.

다른 나라를 침략하고 오랜 기간 식민 지배를 하고 싶을 때 많이 하던 일이 그 나라의 언어를 없애고, 기록을 불태우는 일이었다. 그만큼 지식과 문화를 기록하고 다음 세대에 남기는 것은 중요한 일이었다. 우리나라도 세계 최초의 금속활자를 발명한 나라이니만큼 오래된 기록 문화를 가지고 있다. 그러나 요즘은 좀처럼 기록하는 문화를 찾아보기가 어렵다. 이유가 무엇일까?

TV 프로그램에서 독일의 엔지니어와 한국의 엔지니어를 비교하는 것을 본 적이 있다. 한국 엔지니어들은 세계 어느 나라의 엔지니어와 비교해도 손색이 없기 때문에 10년 차만 되어도 다른 나라의 비슷한 경력의 엔지니어와 비교할 수 없을 정도로 뛰어나다고 한다. 반면 독일의 엔지니어는 10년 차만 되어도 110년의 내공이 느껴진다고 한다. 기록 문화에서 오는 축적의 힘은 그 나라의 경쟁력이 된다.

이것은 가정에서도 조직에서도 적용된다. 예를 들어 내가 HR부서에 처음 배치를 받았을 때도 10여 년 이상 HR을 해오신 선배들이 다양한 노하우를 공유하는 기초 과정이 있었다. 기본적인 교육 기획과 운영에 대한 이론부터 최신 트렌드와 사내 시스템 운영까지 배운 다음 실제 업무를 시작할 수 있었다. 물론 이때의 강의를 뒷받침해줄 교재와 동영상 강의 플랫폼이 있었으면 좋았겠지만, 당시에는 그런 것들을 갖추고 있는 조직이 많지 않았다. 개인이 가진 암묵지는 개인 소유로만 남아, 사냥에서의 죽음처럼 갑자기 퇴직하거나 조직을 이동하면 노하우가 그대로 사라지는 경우가 대부분이었다.

가정에서도 기록의 중요성에 대해 경험한 적이 있다. 나의 경우 아이들이 어려서 말로 하는 것보다 글과 같은 콘텐츠가 더 효과적일 때가 있다. 과거에 독서모임에서 함께 책을 읽고 느꼈던 감정들을 동호회 회원들과 문집처럼 만들어 출간한 적이 있다. 남자 형제만 있는 나는 딸을 키우면서 느끼게 된 생각을 원고로 제출했다. 중학생인 첫째 아이는 그 글을 반복해서 읽으며 한 번씩 내가 쓴 내용을 언급한다. 둘째는 초등학교 졸업 사진을 촬영하는 날 그 책을 가져갔다. 출간된 책에는 많은 저자들이 있고 나는 단지 한 챕터에 내 생각을 글로 남겼을 뿐이지만, 아이들에게 미치는 영향이 적지 않다는 것을 경험했다. 말보다 글이 보다 더 강한 콘텐츠가 될 수 있다는 것. 그리고 그것의 시작은 기록이라는 것을 알게 되었다.

생각해 보기

자녀가 있는 사람들은 혹시 어떤 이야기를 남겨주고 싶은가요?
아직 자녀가 없는 사람들은 '부모님으로부터 이런 부분을 배웠으면 좋았을 텐데'라고 생각한 적이 있나요? 그것은 무엇이었을까요?

기록의 시작은 나의 관심사에서

그렇다면 무엇을 기록해야 할까? 어떤 이에게는 주제가 쉽게 결정이 되기도 하지만, 그 주제가 기록을 하게 해주지 못할 때도 많다. 남들이 많이 하는 주제를 따라가다가 동기부여가 되지 않을 때도 있다. 주제를 고민하다가 기록을 시작하지 못할 때도 있다. 무거우면 시작하기 어렵다. 대단한 것을 시작한다고 생각하기보다는 현재 관심 사항을 부담 없이 기록하는 수준에서 가볍게 시작하는 것이 좋다.

나는 아이들을 낳아 키우면서 처음에는 어떻게 키우는지 몰라 배우고 싶은 마음에 관련 기사나 정보들을 읽어보고 기억하고 싶은 내용을 스크랩했다. 아이에게 어떻게 대화하고 어떤 것을 해주면 좋은지 궁금했지만 어릴 때나 학교에서도 배운 적이 없다 보니 자연스럽게 그 주제에 관심이 생겼다. 어느새 나의 콘텐츠 창고에는 '아빠되기'라는 폴더가 생겼다. 그리고 내 기록과 스크랩에도 목적이 생기기 시작했다. 하나의 주제를 가지고 꾸준한 기록을 진행하다 보니 두 번째 폴더가 생기기까지는 그렇게 오랜 시간이 걸리지 않았다. 다시 보고 싶어서 어게인 버튼을 누를 만한 콘텐츠를 스크랩하고 떠오르는 생각을 살짝 남겨두도록 하자. 그것으로 충분하다.

▶ 행복의 타임머신

기획실에서 일할 때 가을이 되면 '연도 계획'이라는 것을 했다. 새해에는 어떤 부가가치를 만들어 내고, 무엇에 투자를 하고, 회사는 어떻게 바뀌게 될지 그려보는 시간이었다. 매년 하는 일이었지만 시즌이 되면 매번 복잡 다난했던 것 같다. 그때 어느 선배가 이런 이야기를 꺼냈다.

"우리가 밤늦게까지 회사의 내년 모습을 그리는데, 우리의 내년을 먼저 그려야 되는 거 아니야?"

그래서 마음이 통하는 친구들끼리 '디자인 워크숍'을 추진했다. 연도 계획에서 고민하던 부분을 그대로 개인으로 가져와서 '내년에는 어떤 역량을 증가시킬지', '이를 위해서는 자기 계발을 어떻게 해야 할지', '고정자산과 금융자산은 현재 어떤 상황인지', '내년에는 어떻게 투자하고 얼마나 증가 시킬지' 등의 질문을 던졌다. 열정이 과한 친구들은 업무처럼 추진 경과도 매달 공유하고 정기적으로 프로그레스 미팅도 개최하자고 했지만, 과유불 급의 지혜를 기억하며 무리하지 말자는 결론을 내렸다. 그리고 6개월이 지 나 상반기가 끝나는 시점에 다시 모여 지난 연말에 세웠던 내용을 얼마나 진행했는지 리뷰하는 자리를 만들었다. 부서를 옮긴 친구들도 오랜만에 얼 굴을 볼 수 있는 의미 있는 시간이 되었다. 그 이후 나는 꾸준하게 매년 두 번씩 지인들과 디자인 워크숍을 해오고 있다.

'행복의 타임머신'은 워크숍을 시작할 때 항상 했던 하나의 리추얼이다. 무엇을 기록해야 할지 고민하는 사람들뿐만 아니라, 한 번씩 열정과 의지를 새로고침하고 싶을 때 해보면 도움이 된다.

준비 과정

진행하는 퍼실리테이터(FT)를 한 명 선정한다. 참여자들은 눈을 감고 복식호흡을 하면서 몸과 마음을 편안하게 유지한다. 준비가 되었다면 FT가 다음의 내용을 천천히 읽는다. 질문과 질문 사이에는 참여자들이 생각할 수 있는 시간을 두는 것이 바람직하다.

여러분은 지금부터 미래로 이동하는 타임머신을 타게 됩니다.
이 타임머신은 10년(또는 5년) 후 00년 00월 00일,
여러분이 꿈꾸는 행복한 하루를 경험할 기회를 제공합니다. 지금 출발합니다.
아침에 눈을 떠서 시계를 봅니다. 몇 시일까요?
어떤 모습인지 거울도 한번 봅시다.
옆에는 누가 있을까요? 어떤 이야기를 나눌까요?
이제 아침 식사를 합니다. 어떤 음식일까요?
집을 나섭니다. 잠시 집을 돌아봅시다. 어떤 집인가요?
집 주위의 환경도 둘러봅니다. 어떤 분위기인가요?
이제 어딘가로 향합니다. 어디로 가는 것일까요?
당신은 무슨 일을 하고 있을까요?
점심을 먹습니다. 어떤 음식을 누구와 먹고 있을까요?
그 사람과는 어떤 이야기를 나누고 있을까요?
오후에는 어떤 일을 하고 있을까요? 오전과 같은 일을 하고 있을까요?

자, 이제 어느덧 어두워져서 저녁이 되었습니다.

하루를 돌아보니 자신은 어떤 일은 하는 사람인가요?

그 일은 당신에게 어떤 의미가 있나요?

집에 돌아오니 반기는 사람이 있습니다. 누구일까요?

저녁 시간은 어떻게 보내게 될까요?

잠을 자려고 침대에 눕습니다.

잠을 청하며 오늘 하루를 돌아봅니다.

자, 이제 천천히 돌아옵니다. 눈을 뜹니다.

마무리 과정

1. 방금 떠올랐던 내용을 간략하게 기록한다.

2. 기록 아래에 '이 내용들을 현실화하기 위해서' 향후 1년간 세 가지 일을 하게 된다면 무엇일지 작성한다.

3. 워크숍을 함께한 동료들과 공유한다.

만다라트(연간)

만다라트mandaralart는 '목표를 달성하다manda+la'와 '기술art'를 결합한 단어로, '목표를 달성하는 기술'이라는 뜻이다. 만다라트는 현재 미국 메이저리그에서 맹활약하고 있는 일본의 유명한 야구선수 오타니 쇼헤이가 목표 설정을 위해 사용한 사고 기법으로도 유명하다. 만다라트 계획표는 가장 가운데에 있는 칸에 핵심 목표를 적고 그 핵심 목표를 이루기 위해 필요한 8개의 세부 목표를 둘레에 작성하면 된다. 하지만 갑자기 만다라트를 나눠

주고 작성하라고 하면 채우기도 쉽지 않을뿐더러 실행과 연결이 잘되지 않는다. 질문을 바꿔보자.

'행복의 타임머신에서 그렸던 하루가 현실화하려면 만다라트에 어떤 것들이 들어가면 좋을까?'

이 질문을 생각하며 떠오르는 것을 만다라트 중앙 8칸에 작성하다 보면 어느새 81개 모든 칸을 채우는 순간이 있을 것이라 확신한다.

● **필자의 8칸 만다라트 예시**

한방에 훅 간다 건강 멘탈 잡고 치아 관리	함께하는 아빠 물리적 시간 늘리기 엄마 빼고 추억 쌓기	사랑 받는 남편 아내 사업 돕기
누구나 소중하다 인연을 귀하게 평소에 잘하기	만 40세 진정한 불혹 나의 길을 간다	업무 지식 강화 기획, AI 트렌드, HR
부동산 재테크 부자는 좋은 사람 되기 쉽다	자격증 취득	퍼스널 브랜딩 명함 떼고 나는 누구인가

몸관리	영양제 먹기	FSQ 90kg	인스텝 개선	몸통 강화	축 흔들지 않기	각도를 만든다	위에서부터 공을 던진다	손목 강화
유연성	몸 만들기	RSQ 130kg	릴리즈 포인트 안정	제구	불안정 없애기	힘 모으기	구위	하반신 주도
스테미너	가동역	식사 저녁7숟갈 아침3숟갈	하체 강화	몸을 열지 않기	멘탈을 컨트롤	볼을 앞에서 릴리즈	회전수 증가	가동력
뚜렷한 목표·목적	일희일비 하지 않기	머리는 차갑게 심장은 뜨겁게	몸 만들기	제구	구위	축을 돌리기	하체 강화	체중 증가
핀치에 강하게	멘탈	분위기에 휩쓸리지 않기	멘탈	8구단 드래프트 1순위	스피드 160km/h	몸통 강화	스피드 160km/h	어깨주변 강화
마음의 파도를 안만들기	승리에 대한 집념	동료를 배려하는 마음	인간성	운	변화구	가동력	라이너 캐치볼	피칭 늘리기
감성	사랑받는 사람	계획성	인사하기	쓰레기 줍기	부실 청소	카운트볼 늘리기	포크볼 완성	슬라이더 구위
배려	인간성	감사	물건을 소중히 쓰자	운	심판을 대하는 태도	늦게 낙차가 있는 커브	변화구	좌타자 결정구
예의	신뢰받는 사람	지속력	긍정적 사고	응원받는 사람	책읽기	직구와 같은 폼으로 던지기	스트라이크 볼을 던질 때 제구	거리를 상상하기

간이형 만다라트

워크숍을 다수 진행하다 보면, 평소 이런 활동을 해보지 않은 사람들이 많이 어려워하는 모습을 보곤 한다. 실제로 아내에게 끌려오다시피 한 남자는 워크숍 내내 울상으로 아무것도 하지 않고 앉아 있다만 간 적도 있다. 만다라트의 좋은 효과에 감탄해 워크숍 종료 후 집에 가서 자녀들과 함께

해보는 사람들이 있다. 그때 오타니 쇼헤이가 작성한 것과 같은 수많은 사각형이 그려져 있는 그림을 들이밀면 질려서 금방 포기해 버리기 쉽다. 그럴 때는 간이형 만다라트를 활용해 보자.

● **간이형 만다라트 실습 양식**

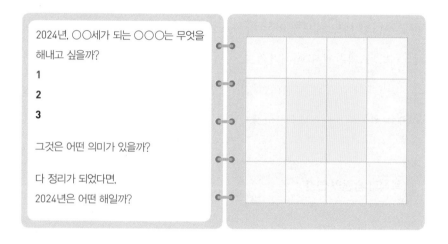

간이형 만다라트는 개수가 적기 때문에 사각형을 채워야 한다는 부담을 덜어낼 수 있을 뿐만 아니라, 가장 중요한 것만 적기 때문에 집중해서 실천할 수 있다는 장점을 가지고 있다. 간이형 만다라트를 작성한 후에 앞으로의 1년을 대표할 수 있는 제목을 그 위에 작성해 보자. 영화 제목을 붙인다는 마음으로 작성해 보면 좀 더 그럴듯해 보인다.

▶ 작은 습관 만들기

'습관'이라는 키워드가 한창 뜨거울 때가 있었다. 서점에 가면 '스몰 스텝', '습관'이라는 단어를 포함한 제목의 책들이 쌓여있었다. 새벽에 일어나서 몇 페이지 책을 읽고 꾸준히 운동을 하면서 보람찬 하루를 만들어가는 트렌드가 만들어졌다. 하지만 그 습관의 시작이 자신이 원하는 하루를 위한 목표의 구체화를 통해서 나온 것이 아니라 '이렇게 하면 좋다더라', '남들도 하니까 나도 해보자'라는 마음으로 시작하면 속이 빈 노력이 되기 쉽다. 게다가 지속해서 이어가기도 어렵다. 이것을 '그림자 위안'이라고 한다. 사람들이 한쪽으로 뛰니깐 같이 열심히 뛰면서 '나도 열심히 하고 있어'라고 자신을 위로하는 것이다.

● **목적과 습관의 연결**

'구슬이 서 말이라도 꿰어야 보배'라고 한다. 행복의 타임머신부터 만다라트를 거쳐 매일 실행할 작은 습관을 연결해 보자. 목적과 목표, 그리고 여러분의 일상이 연결되기 시작한다. 그러면 사소한 습관을 실행하는 과정에서도 목적과 목표를 생각하게 되고, 그것은 다시 습관을 유지하는 동기부여가 된다. 그 과정에서 얻는 경험과 떠오르는 생각을 기록하고 수집하자. 자연스럽게 궁금한 것이 생기고, 수집하고 싶은 정보와 주제들이 만들어진다. 그것들을 글로 정리하는 시간을 가져보자. 이러한 과정에서 세상을 보는 관점, 직장생활에서의 마음가짐, 소중한 사람들과의 관계가 달라진다. 잘 만들어진 기록과 습관은 천천히 여러분의 삶을 바꿔 갈 것이다. 바꿔서 말해 보자. 삶이 바뀌지 않았다면 기록하지 않은 것과 같다.

3

디지털 도구의 함정을 피하는 법

정보의 완벽한 분류 포기하기

아날로그 기록에 대한 회의감을 갖게 될 무렵, 회사에서 디지털 메모에 대한 세미나가 열려서 참여했다. 그때 배우게 된 것이 지금도 사용하고 있는 에버노트이다. 산책을 하거나 대중교통을 이용할 때 떠오르는 생각을 모바일에 입력하면 PC에서 웹이나 프로그램으로 동기화되어 수정하고 구조화할 수 있는 좋은 툴이었다.

하지만 몇 달도 되지 않아서 사용하지 않게 되었다. 여기에는 두 가지 이유가 있었다. 먼저, 시작이 너무 거창했다. 뭔가 기록을 통해서 나만의 큰 저장소를 만들어야겠다는 생각에 사로잡혀 모든 것을 집어 넣어 버리는 오류를 범하고 말았다. 한곳에 통합하고 싶은 집착병이 있었던 것이다. 하나의 서비스에 많은 파일들을 넣으면서 프로그램은 무거워졌고, 찾고 싶은 것을 검색하면 버벅거리는 현상이 나타났다. 중요한 상황에서 빠르게 검색이 되지 않으니 쓸모가 없어졌고, 사용량이 줄어들다 보니 자연스럽게 기록과 수집을 하지 않게 되었다.

또 다른 하나는 깔끔하게 정리하려는 욕심이었다. 태그 기능과 폴더(노트북)의 구분에 집착하다 보니 새로운 정보가 들어오면 그것이 어떤 폴더에 들어가는 것이 맞는지, 어떤 태그가 달려야 하는지 고민하는 데 시간이 걸렸다. 일종의 깔끔한 대시보드나 분류를 원하는 정리병이다. 하지만 이는 현실적으로 거의 불가능한 일이었다. 통섭의 시대에 한두 개의 키워드로 정보의 라벨링을 하기란 쉽지 않다. 예를 들어 '생성형 AI를 활용한 동영상 제작 및 기획'이라는 기록과 정보가 있다면 거기에 어떤 태그가 들어가면 좋을까? 이 주제로 초등학생인 자녀와 함께 만든 결과물은 어떻게 분류하면 좋을까?

직원들과 했던 결과물, 강의했던 내용, 동영상이 아닌 논문 자료 등 산발적으로 정보가 유입될수록 분류 작업은 시간을 소모하기 시작한다. 결정적으로 기술과 사회의 변화로 새로운 키워드가 계속 만들어진다. 완벽한 분류를 꿈꾸는 욕심은 결국 도구 활용을 중단하게 만드는 화를 부르게 된다.

나중에 정보를 쉽게 찾고 시간을 아끼기 위해 도구를 사용하기 시작했지만, 도리어 현재의 시간을 갉아먹는 걸림돌이 되었다. 정보와 삶의 분류가 늘어날수록 하나의 플랫폼에 모든 것을 담는 것은 불가능했고, 하나의 정보가 하나의 태그로 매칭되는 것도 어려웠다. 점점 더 복잡해지기만 할 뿐이었다. 그런 이유로 자연스럽게 도구를 사용하지 않게 되면서, 기록의 의미도 잃어가고 있었다.

여기서 주의해야 할 부분이 한 가지 더 있다. 디지털 생산성 도구를 강의하다 보면 때때로 '아, 그거 사용해 봤는데, 별로야'라며 자신이 사용해 본 경험과 그 시점의 기술에 멈춰있는 경우가 있다. 스마트폰이 처음 세상에 나왔을 때도 많은 사람들은 부정적인 반응을 보였다. 그 기억 때문에 지금도 스마트폰을 사용하지 않는다면 그것은 엄청난 손해를 보고 있는 것이다.

약 20년 전에 배웠던 엑셀은 어느새 웹사이트 링크만 붙이면 데이터를 크롤링할 수 있을 정도로 업데이트가 되었다. 파워포인트에서는 확대/축소, 모핑 등의 기능을 활용해서 프레지처럼 역동적인 발표가 가능해졌다. 많은 디지털 도구들이 지금도 계속 업데이트를 진행하고 있다. 과거의 부정적인 사용자 경험 때문에 새로운 것을 받아들이지 못한다면 너무 많은 것을 놓치고 있는 것이다. '어떤 기능이 새롭게 업데이트가 되었을까?', '새로운 서비스가 출시되었다는데 기존의 제품들과는 어떤 차이가 있을까?' 계속 궁금해하고 사용해 보고 배우려는 열린 마음이 필요하다.

생각해 보기

평소 여러분들이 하고 있는 기록 스타일에 대해 구체적으로 설명해 봅시다.
다이어리, 디지털 도구를 어떻게 사용하고 그것을 활용하여 무엇을 하고 싶나요?

디지털 창고에 관한 고정관념 버리기

용도에 따라 도구를 구분하여 사용하는 것도 좋은 방법이 될 수 있다. 나의 경우, 최초에는 모든 것을 에버노트에 의존했지만 새로운 서비스가 나오면 추가로 사용해 보고 괜찮으면 분리하는 작업을 지속적으로 진행했다. 파일까지 담는 것이 무거우면 파일을 담는 서비스로 이동을 시켰고, 협업이 불편하면 대시보드가 예쁜 서비스를 활용하면서 기존에 사용하던 서비스의 무게를 줄였다.

● **용도에 따른 도구 사용 예시**

구분	개인정보	일상기록	학습	업무회의	파일관리	협업	브랜딩
다이어리				vFlat 스캔 구글포토			
에버노트	비밀번호 가족정보	WhiteNote PenCake DayGram	보고서, 기사 스크랩				
노션						페이지 공유	갤러리 홈페이지
굿노트			PDF 메모 펜슬 활용				
원드라이브					1TB 활용 폴더 관리		

정리하면 디지털 콘텐츠 창고를 활용할 때는 다음의 세 가지 고정관념을 버릴 필요가 있다. 좀 더 자유롭고 느슨해질 필요가 있다.

● 디지털 콘텐츠 창고 활용 시 버려야 할 고정관념

기록하는 사람은 정리를 잘한다 그들은 깔끔하다	한 곳에 정보를 모아서 관리해야 한다	유명한 프로그램이 나에게도 제일 좋다

반드시 깔끔하지 않아도 된다. 기록과 검색, 공유, 부가가치 등 앞서 언급했던 키워드가 중요하다. 깔끔하게 정리해서 어디에 전시할 것도 아니다. 물론 남들에게 보여줄 포트폴리오를 정리하거나 물건을 판매하기 위해 만드는 페이지라면 별도로 다르게 제작하고 관리해야 한다. 하지만 개인적인 기록을 정리하는데 시간을 많이 쓰는 것은 그 목적을 다시 한번 생각해볼 필요가 있다. 빨리 찾기 위한 것인지, 누군가에게 홍보하기 위한 것인지 등의 목적에 맞는 기록 스타일이 필요하다.

모든 정보를 한곳에 모을 필요도 없다. 한곳에 모아 놓지 않으면 도구를 하나만 사용할 필요도 없어진다. 그 회사가 서비스를 철수할 가능성도 걱정할 필요가 없다. 탈중앙화가 필요한 시대이다. 회사는 A 도구, 개인은 B 도구, 이미지는 C 도구 등으로 분산해서 관리하자. 한곳에 모이지 않으니 가벼워진 도구들은 더 빠른 검색 서비스를 제공할 수 있게 된다. 다양한 도구 사용으로 도구들 간의 장단점도 파악할 수 있으니, 다음 도구를 선택하는 안목도 함께 높아진다.

콘텐츠 창고, 디지털 메모의 끝판왕은 없다. 'OO프로그램이 요즘 유명하고 다들 사용한대'라는 말에 현혹될 필요가 없다. 용도와 컴퓨터 활용 능력에 따라 다르다. 복잡한 기능이 어렵다면 자신의 활용 역량에 맞는 도구를 선택하면 된다. 그리고 새로운 서비스가 나왔을 때 옮겨 갈 수 있는 융통성도 있어야 한다. 자동차가 출시되었는데, 적토마가 여전히 좋다며 고집하는 것은 어리석은 짓이다.

성과를 내기 위한 도구들

▶ 노션

노션Notion(https://www.notion.so) 기능을 소개하고 강의하는 한국 노션 앰 배서더 중의 한 명으로서, 가장 추천할 만한 디지털 도구는 노션이다. 노 션은 무제한 메모 저장 공간뿐만 아니라, 다양한 기능과 한국어 번역을 무 료로 제공한다. 어떤 시점에 추천하느냐에 따라 다를 수 있겠지만, 현시점 에서 디지털 도구를 선택한다면 노션을 사용하는 것이 업무 효율성을 높이 는 좋은 방법 중 하나이다.

노션의 무료 요금제는 단일 파일과 이미지 용량이 5MB로 제한되어 있 지만, 무제한 블록을 제공하기 때문에 일반 기록용으로 사용하기에는 전혀 부담이 없다. 또한, ac.kr 등 교육용 이메일 계정을 가지고 있다면 파일과 이미지 용량도 무제한 이용이 가능하다. 즉 유료 기능을 무료로 사용할 수 있다. 대학을 졸업한 지 한참 된 나도 ac.kr 계정을 활용해 무료로 사용하 고 있다.

노션의 기능은 다양하다. 그 기능들을 전부 설명할 수 없으니 여기서는 차별화된 장점만 살펴볼까 한다. 노션의 기본 사용법은 어렵지 않다. 다른 유사한 플랫폼을 사용해 본 사람들이라면 금방 익숙하게 사용할 수 있을 것이다. 게다가 요즘은 유튜브에 관련 영상을 올려놓은 사람들이 많아서

- ● **노션 홈페이지**

사용법을 익히기가 더욱 쉬워졌다.

　노션은 기록, 검색, 공유 등과 같이 대부분의 디지털 메모 앱에서 제공하는 기능을 기본적으로 장착하고 있다. 사실 이 정도의 기능을 사용할 거라면 굳이 노션을 선택할 필요가 없다. 워크플로위만으로도 충분히 만족할 수 있을 것이다. 하지만, 노션은 그러한 기본 기능 이외에도 데이터베이스, 갤러리 기반 인터페이스, 다양한 템플릿을 제공한다는 강점을 가지고 있다.

　그럼, 노션에서 어떻게 데이터베이스를 만드는지 살펴보자.

● **노션의 데이터베이스 만들기 화면 ①**

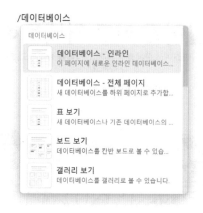

새로운 페이지에서 '/데이터베이스'를 입력하면 '인라인'과 '전체 페이지'를 선택할 수 있다. 처음 사용하는 사람들은 인라인을 선택하자.

● **노션의 데이터베이스 만들기 화면 ②**

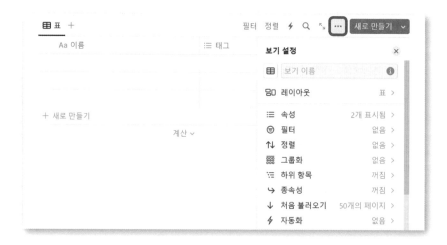

표 안에 데이터를 입력하고 우측 상단의 '…'을 선택하면 레이아웃, 속성, 필터, 정렬, 그룹화 등의 메뉴들이 보인다. 이 메뉴들만 잘 사용해도 노션의 가치는 충분하다.

일단 표 안에 데이터가 없으면 이 메뉴들의 차이를 알기가 어렵다. 가지고 있는 데이터를 표에 넣고 한 번씩 클릭해 보자. 엑셀과 비슷하기 때문에 금방 감을 잡을 수 있다.

● **노션의 데이터베이스 레이아웃 선택 화면**

노션 데이터베이스는 하나의 정보를 다양한 인터페이스로 변경해서 확인할 수 있다. 즉, 거래처 정보, 직원 정보, 행사 일정 등을 한 번만 입력해 두면 위의 그림처럼 표, 보드, 타임라인, 캘린더, 리스트, 갤러리 등으

로 확인할 수 있다. 여기에 필터, 그룹화 기능을 사용하면 정교하게 맞춤형으로 사용할 수 있다. 엑셀의 피벗테이블이 좀 더 다양하고 예쁘게 구현되는 느낌이다. 다른 디지털 도구에서는 쉽게 찾아볼 수 없는 파워풀한 기능이다.

● **노션과 노션 캘린더 연결 화면**

2024년 1월 노션 캘린더가 출시되어 데이터베이스 캘린더 레이아웃에서 'Notion 캘린더에서 열기' 메뉴가 생겼다. 노션 캘린더는 기존 노션과는 별개로 제작된 캘린더 앱이다. 노션처럼 웹 버전 및 데스크톱/모바일 앱을 제공한다. 접속한 뒤 노션 계정으로 로그인하면 되고, 구글 캘린더와 연동되어 구글에 입력한 일정에 노션 데이터베이스 일정을 한 번에 통합적으로 관리할 수 있다. 기존에는 구글 캘린더 링크를 노션 페이지에 붙여서 관리하는 경우가 많았지만, 이제 노션 사용자들끼리 데이터베이스를 활용하여 좀 더 편리하게 일정 관리가 가능하다.

● 노션 캘린터 화면

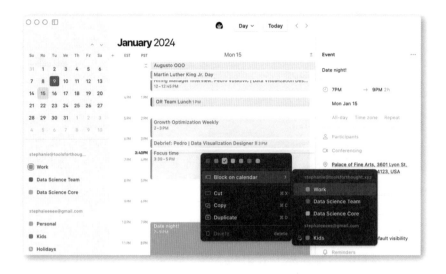

 노션을 사용하다 보면 여러 데이터에서 날짜를 지정한 부분이 있을 것이다. 어떤 업무의 진행 기간일 수도 있고, 마감일일 수도 있다. 이렇게 노션에 지정된 다양한 데이터의 날짜를 캘린더에서 확인할 수 있다. 구글 캘린더를 불러와서 오늘의 미팅 일정을 확인함과 동시에, 노션 속 업무 리스트까지 하나의 캘린더 화면에서 관련 내용을 모아볼 수 있다. 물론 노션 데이터 속 모든 날짜를 모아보면 복잡할 수 있다. 이때는 캘린더 좌측 하단의 데이터베이스 목록에서 **on/off**를 통해 원하는 일정만 볼 수 있으며, 우측 상단의 돋보기 모양에서 찾고 싶은 일정을 쉽게 검색할 수도 있다.

● 노션 보드 화면

　표와 캘린더 외에도 보드, 갤러리, 타임라인 등과 같은 다양한 레이아웃이 가능하다. 보드를 사용하면 원하는 속성에 따라 항목을 그룹화하여 볼 수 있다. 보드는 칸반보드의 형태로 프로젝트를 진행하면서 처리해야 하는 작업들을 카드 형태로 관리할 수 있다. 팀 단위로 함께 일하면서 해야 할 일, 진행 중, 완료 등의 단계로 업무 아이템을 공유할 수 있으며, 프로젝트의 워크플로우를 일목요연하게 볼 수 있다.

　애자일 방법론Agile Methodology(신속한 반복 작업을 통해 실제 작동 가능한 소프트웨어를 개발하여 지속적으로 제공하기 위한 소프트웨어 개발 방식)을 적용하는 조직에서 많이 사용한다.

● 노션 타임라인 화면

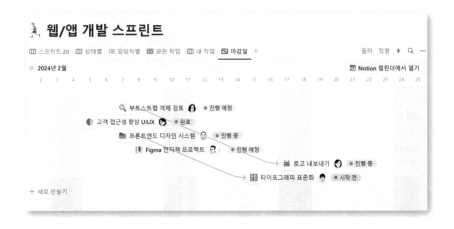

프로젝트를 카드 형식의 아이템으로 관리하는 레이아웃을 보드라고 한다면, 일정의 시작과 끝을 바의 형태로 보여주는 간트차트 화면을 타임라인이라고 한다. 타임라인은 데이터베이스의 정보를 시간 기반으로 시각화해서 볼 수 있는 보기이다. 예를 들어, 팀의 모든 프로젝트가 담긴 데이터베이스가 있다면, 타임라인 보기에서 각각의 프로젝트의 기간과 론칭일을 한눈에 볼 수 있다. 또한, 속성 추가를 통해서 담당자, 진행상태 등을 추가하여 함께 확인할 수 있다. 협업을 하는 데 유용하며, 반기 또는 연간 프로젝트 평가에도 쉽게 활용할 수 있다.

● 노션 갤러리 화면

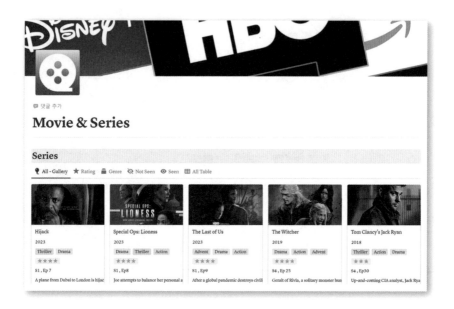

갤러리 레이아웃은 블로그나 홈페이지 형태로 페이지를 구성할 수 있는 기능이다. 신생 벤처기업 또는 1인 기업이 홈페이지를 구축할 때 많이 활용한다. 수익을 창출하기 전 아직 홈페이지를 위한 비용적인 투자가 고민되는 사람들이 많이 찾는 기능이다. 제품 판매, 독서 노트, 모임 게시판 등으로 활용하기 좋고, 여기에 '.com', '.co.kr' 등의 도메인만 구입하여 연결하면 괜찮은 홍보 사이트가 된다. 구글, 네이버 검색에 등록까지 해두면 더할 나위 없다.

● 노션 데이터베이스 메뉴 속성 화면

데이터베이스 메뉴에서 속성은 자료의 특징을 구분해 주는 값이다. 잘 만들어두면 필터, 정렬, 그룹화 등을 사용할 유용한 기준이 된다. 위에서 언급했던 각 레이아웃에서도 필요에 따라 다양한 속성을 on/off하여 사용자 맞춤형 디스플레이를 연출할 수 있다.

다른 메모 프로그램과 차별화된 노션의 기능 중의 하나는 바로 코드 입력이다. 하지만 IT 전공자가 아닌 이들에게 python, Java 등의 코드 입력은 다른 세상의 이야기처럼 들릴지도 모른다.

● Mermaid Live Editor 화면

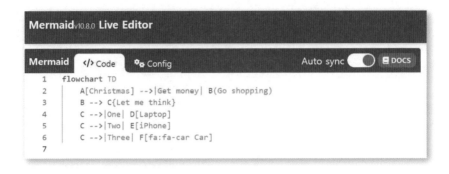

노션에서는 코드를 만들지 않고 이미 공유된 소스를 조금만 수정해도 꽤 괜찮은 결과를 얻을 수 있다. 구글에서 'Mermaid Live Editor'를 검색하고 다이어그램을 선택한 후 코드를 복사한다. 그런 다음 다시 노션으로 돌아와 코드를 입력하고 언어를 'Mermaid'로 선택한 후 복사한 코드를 붙여 넣는다.

● 노션 코드 입력 화면

이제 내용을 조금씩 수정해 보자. 갤러리, 보드와는 또 다른 다이어그램을 연출할 수 있다.

● 노션 Mermaid 코드 화면

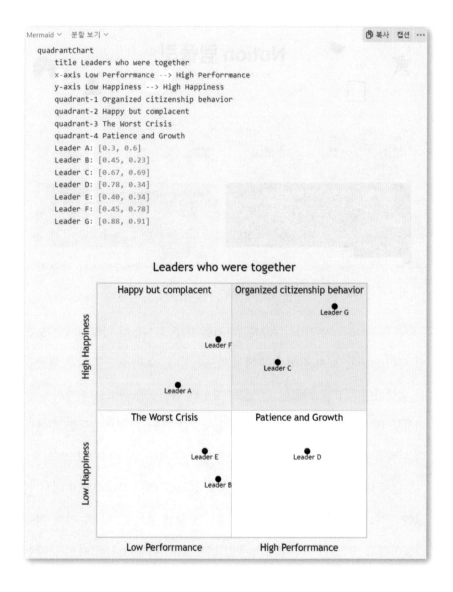

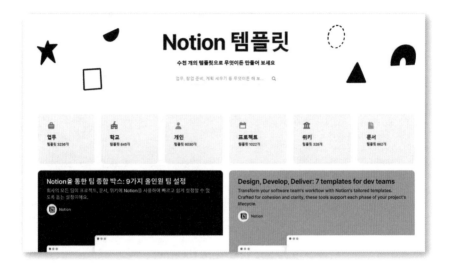

템플릿 제공은 지금까지 출시된 디지털 도구 회사들이 다양하게 시도했던 서비스이다. 노션은 이 부분에서 압도적이다. 오픈 소스로 많은 템플릿을 검색하여 무료로 사용할 수 있고, 자신의 템플릿을 유료로 판매하는 유저들도 많다. 기능이 어렵지 않기 때문에 기초적인 기능만 습득한 후에는 다른 템플릿을 보고 자신만의 템플릿을 만드는 것도 그리 어렵지 않다.

누군가 내게 "왜 요즘은 노션만 추천하시나요?"라고 묻는다면 위에서 언급한 '데이터베이스', '다양한 레이아웃', '풍성한 템플릿' 이 세 가지 이유 때문이라고 말한다. 그리고 결정적인 것은 역시 가격이다. 블록이 무제한으로 무료이며, 학생용 계정을 활용하면 용량 제한도 없다. 이 정도면 사용하지 않는 것이 손해일 정도다.

▶ 에버노트

노션에는 에버노트 사용자를 흡수하는 기능이 있다. 나는 이미 에버노트의 정보를 노션으로 옮겨 두었다. 누군가와 공유하여 협업하거나 포트폴리오를 홍보할 때는 노션을 활용하고, 개인적인 사항을 기록할 때는 에버노트를 사용한다. 스크랩과 검색에서 일부 기능은 여전히 에버노트가 조금 더 편하다고 느끼기 때문이다. 다만, 에버노트는 공유했을 때 인터페이스가 아쉬움이 많고 결정적으로 데이터베이스를 관리하기가 쉽지 않다. 또한, 점진적으로 구독 가격을 올리고 있다는 점이 가장 아쉬운 부분이다. 하지만 할인 기간을 잘 활용한다면 커피 한 잔 가격으로 월간 사용료를 지불할 수 있다.

● 에버노트 구독 할인 화면

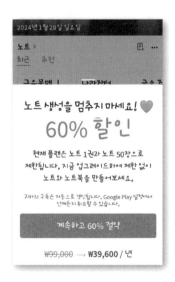

에버노트의 가장 파워풀한 기능은 제목 검색intitle이다. 내가 10년 가까이 에버노트를 사용할 수 있게 해준 넘버원 기능이며, 태그와 폴더 분류의 집착에서도 탈출시켜 준 기능이다. 예를 들어, 제목에 '아이디어'라는 단어가 포함된 노트를 찾고 싶을 때는 'intitle:아이디어'라고 입력하면 손쉽게 관련 노트를 찾을 수 있다. 이렇듯 스크랩하거나 기록했던 내용을 제목만 잘 기록해 두면 손쉽게 정보를 찾을 수 있기에 당시에 에버노트를 '두 번째 뇌'라고 불렀을 정도이다. '스마트폰이 꺼지지 않는 한 나에게는 또 다른 뇌가 있다'라며 암기의 종식을 선언하기도 했다.

개인 정보와 업무 자료를 분리하고 싶은 사람들은 노션과 에버노트를 함께 사용하며 비교해 보자.

4

수면 위로 드러나는 나의 정체성

기록은 나를 이해하는 과정

기록에 재미를 붙여갈 무렵 이상하리만큼 학습과 독서에 대한 욕구가 생기기 시작했다. 학창 시절에는 "공부해라"라는 말을 듣기 싫어했지만, 기록을 시작하면서 무엇인가 기록할 만한 주제를 찾게 되었다. 주제를 찾으려 책을 펼치면 좋은 문장을 발견하게 되고, 관련된 정보를 검색하는 과정에서 찾은 정보를 스크랩하는 재미있는 흐름이 만들어졌다. 자연스럽게 호기심과 학습 욕구가 생기면서 나 자신은 물론 주위 사람들도 신기하게 생각했다. 원래 그런 사람이 아니었으니 그럴 만도 하다.

기록과 스크랩이 쌓여가고 노트와 폴더가 많아지면 자신의 관심사가 무엇인지 보이기 시작한다. 기록을 하다가 학습 욕구가 생긴 것처럼, 정보의 홍수 속에서 자연스럽게 관심이 가는 콘텐츠가 큐레이션 된다. 한참 아이를 키울 때는 소아정신과 의사인 서천석 박사님의 책과 글귀가 나의 콘텐츠 창고로 쏟아져 들어왔다. 직장생활을 시작할 때는 《이기는 습관》의 저자 전옥표 교수님과 《익숙한 것들과의 결별》의 저자 구본형 작가님의 말씀이 계속 입력되었다. 대학원을 다닐 때는 심리학자들의 논문과 연구 결과를 기록했다. 3~4년 주기로 주제를 바꿔 새로운 분야를 끊임없이 공부해야 한다는 피터 드러커의 이야기도 이때 이해할 수 있었다.

코칭 공부를 할 때 좋은 인연으로 대학생들과 직장인들을 코칭할 기회가 있었다. 누군가 이런 이야기를 했다. "내가 무엇을 좋아하고 관심이 있는지 모르겠어요." 그 고민에 대해 나는 기록과 스크랩을 해보라고 조언했다. 누구나 무엇인가를 검색하고 읽는다. 그때 그냥 창을 닫지 말고 관심 있는 내용에 하이라이트를 하고 콘텐츠 창고로 옮겨 보자. 시간이 지나면 쌓여있는 글귀 속에서 큐레이션 되어 있는 당신을 만날 때가 있다. 정체성은 찾는 것이 아니라 저절로 모습을 드러내는 것이다.

생각해 보기

연기자의 이름을 포털에서 검색해 보면 프로필과 함께 필모그래피가 나옵니다.
당신의 필모그래피는 어떤 내용으로 채우고 싶은가요?

▶ 전자책 하이라이트 수집

　전자책이 대중화가 된 지 한참 되었다. 하지만 아직도 전자책보다는 종이책을 선호하는 사람이 많다. 디지털 도구를 좋아하는 나도 얼마 전까지 전자책보다는 종이책을 고집했다. 종이책에서만 느낄 수 있는 질감과 향 때문이었다. 좋은 문장에 밑줄을 긋고 그 옆에 떠오르는 생각을 마음껏 메모하는 기분이 참 좋았다. 좋은 책들이 많이 출간될수록 모든 책을 들고 다닐 수 없었기에 전자책 서비스를 사용하게 되었지만, 종이책을 매월 꾸준히 구매해서 보는 습관은 변하지 않았다.

　그러던 중 종이책에서 전자책으로 전환되는 결정적 계기가 있었다. 그것은 바로 전자책의 '하이라이트 공유' 기능이었다. 과거에는 같은 책을 읽고 글귀를 노트에 필사하거나 좋은 글귀를 디지털 메모장에 필사하는 모임도 꽤 많았다. 그렇게 필사를 해야 기억에 잘 남는다고 생각했기 때문이다. 나도 한동안 그런 모임에 참석해서 회원들과 함께 마음에 담고 싶은 글귀를 필사했다. 하지만 어느 순간 어릴 적에 영어 단어 외우던 시절을 떠올리며, 단어를 여러 번 써보는 것과 단어장을 자주 보는 것, 또 단어를 직접 사용해 보는 것 중 어떤 것이 가장 기억에 잘 남고 어떤 것이 가장 쉽게 잊혀지는지 생각해 보게 되었다. 무엇이 가장 좋은 방법일까? 여러분은 어떻게 생각하는가?

● 에버노트 전자책 스크랩 예시 화면

직접 모든 글귀를 필사하는 일은 정말 시간이 많이 소요되는 일이었다. 반면 전자책의 문장 공유 기능은 시간을 획기적으로 단축시켰다. 전자책 서점 밀리의 서재와 리디북스는 하루 공유 제한량이 있지만 모든 문장을 발췌하는 것은 아니기에 제한 내에서 충분히 활용할 수 있다. 발췌한 시간 과 책 제목이 함께 기록되는 것도 장점 중에 하나이다. 게다가 검색이 굉 장히 편리하다. 덕분에 대중교통으로 이동하는 중에 발췌하고 여유가 있 을 때 가끔 꺼내서 읽어보는 습관이 생겼다. 손으로 직접 필사하기 보다는 발췌한 내용을 어떻게 삶에 적용하면 좋을까를 고민하는 시간이 더 많아졌다. 이 부분은 사실 조심스럽다. 필사를 여전히 좋아하는 사람들이 많기 때문이다. 개인의 독서 스타일에 따라 적용해 볼 부분이 있는지 판단하고 자신만의 스타일을 만들면 된다.

▶ vFlat Scan

인공지능 기술을 활용하는 기업이 개발한 문서 스캔 앱이다. 종이책 촬영 시 페이지의 곡면을 보정하면서 페이지를 깔끔하게 만들어준다. 스캔 범위를 자동으로 인식하고 종이를 들고 있는 손가락도 자동으로 삭제해 준다. 가장 좋은 기능은 문자 인식 기능(OCR)을 통해 이미지를 텍스트로 변환할 수 있다. 내가 주로 사용하는 방식은 회의 문서나 메모를 촬영한 후에 PDF로 묶어서 바로 개인 메일로 보내두는 것이다. 나중에 검색하기 쉽게 파일명을 수정하거나 메일 제목을 잘 지어두면 더욱 좋다.

● vFlat Scan 앱스토어 화면

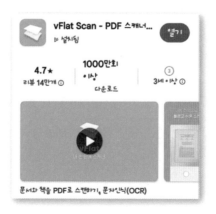

▶ 스크랩

대부분의 디지털 도구는 크롬 확장프로그램을 통해 스크랩 기능을 제공한다. 워크플로위, 다이널리스트, 노션, 원노트, 에버노트 모두 가능하다. 앞서 언급한 것처럼 이 중에서 에버노트와 노션 스크랩을 많이 활용한다. 무작정 전체 링크를 스크랩하기보다는 내용을 검토하고 필요한 부분만을 스크랩하여 활용하는 시점에 저장했던 의도를 쉽게 파악할 수 있기 때문이다.

● 크롬 웹스토어 에버노트 웹 클리퍼

Save to Notion은 앞서 살펴봤으니, 이번에는 에버노트 웹 클리퍼를 살펴보도록 하자. 다음 그림과 같이 본문이 스크랩되어 바로 복사하여 붙여 사용할 수 있어서 효율성이 높다.

간소화된 기사를 선택하고 중요하다고 생각되는 부분에 하이라이트를 한 후 스크랩 저장을 하면 그대로 에버노트에서 확인할 수 있다. 나중에 확인했을 때 자신이 그 당시에 어떤 부분을 참고했는지 알 수 있어서 편리하다.

● 에버노트 웹 클리퍼 화면

보편의 다정으로 보통의 마음을 보듬는 우리 시대 소통의 아이콘 나태주 시인. 76살의 노시인은 풀꽃문학관, SNS, 강연, 시집 등 다양한 방식으로 청년들과 접속한다./ 사진=나태주 제공

공주에 갔다. 아무런 연고도 없는 도시에 기차를 타고 갔다. 풀꽃문학관에 있는 나태주 시인을 만나기 위해서다. 종이책이 고전하는 시대, 물락한 귀족처럼 시인의 설 자리조차 좁아지는 시대에, 나태주라는 이름이 지닌 '번식력'이 놀랍고 희귀해서 다.

'오래 보아야 사랑스럽다/ 자세히 보아야 예쁘다/ 너도 그렇다'

2012년 광화문 교보 빌딩에 걸린 시 '풀꽃'은 그가 교장 하던 시절에 아이들을 보며 쓴 시다. 풀꽃이 거름이 되어, 청년들이 모여 사는 SNS 들판에 몇 년간 내내 나태주 의 시꽃이 무성하게 피어났다. 40권이 넘는 창작 시집을 냈으나 무명이었던 그는, 일흔이 넘어 내는 책마다 베스트셀러를 만드는 국민 시인이 됐다.

76살의 노인은 어떻게 MZ세대가 열광하는 소통의 아이콘이 됐을까?

나태주는 소통과 공감이 대단한 게 아니라고 했다. '두렵냐? 나도 두렵다'고 먼저 고백하는 일, 그럼에도 '꽃을 보듯 너를 본다'고 '너무 잘하려고 애쓰지 마라'고, 울고 싶은 군중을 '너'라고 애틋하게 불러주는 일이라고.

풀꽃문학관은 기차역에서 택시로 한참을 들어간 공주 구도심 산 밑에 있었다. 시골 간이역처럼 작고 정다운 얼굴이었다. 호랑나비가 가는 비를 피해 들꽃 사이를 날아 다녔고 처마 밑 부삽 위엔 빗방울이 고여 동심원을 만들었다. 마당엔 아무 꽃이나 와서 핀다고 했다.

제3장

어떻게 생산성을
높일 것인가

생산성이란 무엇인가

생산성을 결정하는 '산출'

직장생활을 하다 보면 '생산성'이라는 단어를 자주 듣게 된다. 생산성이 높다는 것은 어떤 의미일까? 생성형 AI를 사용하고 디지털 생산성 도구를 사용하면 생산성이 좋아진다는데 구체적으로 어떤 부분이 좋아진다는 의미일까? 기록에 태그를 붙이는 것처럼 데이터에 라벨링을 하면서 생산성이 더 떨어지는 경우도 있을까? 생산성 도구를 사용하는데 생산성이 떨어지다니.

$$생산성 = \frac{산출량_{octput}}{투입량_{input}}$$

먼저 생산성의 정의를 살펴볼 필요가 있다. 생산성의 사전적 정의는 '산출량output/투입량input'이다. 기록하는 습관과 도구의 활용을 이 수식에 대입해 보자.

A차장은 디지털 도구 교육에서 새로운 도구를 배워서 그동안에 흩어져 있던 자료를 한곳으로 모았다. 이미지, PPT파일, 동영상 등 다양한 자료를 업로드하고 태그를 달아 분류하는데 시간이 꽤 소요됐지만, 예쁘게 구성된 콘텐츠 창고를 보고 흐뭇했다. 이제 모든 정보를 한곳에서 볼 수 있으니 편리하다는 생각이 들면서 앞으로도 모든 자료를 이곳에 멋지게 모아보리라 다짐했다.

B대리는 자신만 보는 콘텐츠 창고 꾸미기에는 관심이 없었다. 떠오르는 생각이 있을 때는 워크플로위를 열고 기록했다. 교육 사진이나 가족 여행 사진은 구글 포토에 넣었다. 논문 작성에 필요한 자료들은 원드라이브에 쌓아두고, 팀 프로젝트는 노션으로 동료들과 협업했다. 개인적으로 읽었던 책들은 노션의 페이지를 별도로 만들어서 정리했다. 검색이 느려질 것을 고려해 이미지와 이모티콘을 사용하지 않고 필요할 때 빨리 검색될 수 있게끔 가볍게 사용하려고 노력했다.

정보량이 같다는 조건 아래 투입량은 B보다 A가 많다. 투입량이 많은 A는 당연히 그것을 구조화하고 분류하는 데 시간을 많이 사용하게 된다. 하지만 필요할 때 빨리 찾을 수 있는 구조를 만들 확률도 높아진다. 예쁘게 만들어서 도구를 열심히 사용하고 부가가치를 창출하는 동기부여를 받을 수도 있다. 다만 생산성은 알 수 없다. 투입에 들인 정성이 반드시 산출량으로 연결되지는 않는다. 생산성을 높이고 싶다면 투입보다는 산출을 고민하면서 수집과 분류를 진행해야 한다. '어떻게 더 빨리 찾을 수 있을까?', '이 것으로 무엇을 할 수 있을까?'라는 고민을 해야 한다.

나만의 생산성 정의가 필요한 이유

산출량을 어떻게 정의하느냐에 따라 결론이 달라질 수 있다. 산출량의 정의하는 데 있어 금전적인 매출이 중요하게 고려될 수도 있고, 자신의 히스토리가 잘 정리되는 만족감을 중요한 요소로 생각할 수도 있다. 다만, 산출량에 대한 정의 없이 무작정 시간을 투입하는 행동은 하지 말아야 한다. 무엇을 위해 시간을 투자해 자료를 모으고 정리하는지 분명하게 생각해야 한다. 그렇지 않으면 생산성 도구를 사용하고자 했던 뜨거운 열정이 차갑게 식어버릴 수도 있다.

자신만의 생산성 정의가 필요하다. 무엇을 위한 일인지, 어떻게 활용할 것인지를 정해야 기록의 질이 좋아지고 방향성을 잃지 않게 된다. 기록과 공유, 부가가치 창출의 선순환도 생산성의 정의가 세워질 때 더 단단하게 진행된다.

생산성을 높인다는 것은 산출을 많이 하기 위해 단순히 치열하고 바쁘게 산다는 것을 의미하는 것은 아니다. 바쁘다는 뜻의 한자인 바쁠 '망(忙)'은 마음 심心 변에 망할 망亡자를 쓴다. '바쁘다'라는 말을 자주 한다는 것은 생산성이 떨어지고 마음이 죽어간다는 방증일 수도 있다. 투입과 산출을 기준으로 습관처럼 해오던 일을 돌아볼 필요가 있다. 기록도 마찬가지이다. 처음에는 가볍게 자료 수집을 시작하더라도 콘텐츠 창고에 자료가 쌓이고 주제가 큐레이션 되면 이 부분을 꼭 한 번 생각해 볼 필요가 있다.

생각해 보기

여러분에게 생산성이 높다는 것은 어떤 의미인가요? 현재 생산성이 가장 높거나 낮은 부분에 대해 말해 봅시다.

성과를 내기 위한 도구들

▶ 양과 질의 생산성

앞에서 추천한 책 중에 《틀 안에서 생각하기》는 창의적 사고의 기법인 ASITAdvanced Systematic Inventive Thinking에 대해 설명하고 있다. 흥미로운 부분 중의 하나는 ASIT를 연구했던 교수들은 브레인스토밍을 별로 좋아하지 않았다. 지나치게 많은 아이디어와 유추는 실질적인 적용을 방해하며 조직적이지 못한 사고로 인해 창의성에 장애가 된다고 주장했다. 그렇다고 내가 ASIT를 지지하고 브레인스토밍을 좋아하지 않는다는 의미는 아니다. 다만 습관처럼 하고 있는 일들이 생산성을 떨어뜨리지 않는지 돌아볼 필요가 있다는 것이다. 예를 들어 브레인스토밍 4원칙 중 '비판금지'가 있다. 마음속으로는 '그래도 저건 진짜 이상한 아이디어잖아'라고 생각하고 있으면서, 입 밖으로 내뱉지 않았다면 원칙을 잘 지키고 있는 것일까? 회의 참여자들이 많은 아이디어를 내놓았지만 실제로 현실에 적용하기에는 무리가 있었다면 어떨까?

업무를 하다 보면 비슷한 일들을 쉽게 경험할 수 있다. 다양한 기업의 제안을 받고 싶어서 공공입찰을 진행했던 어떤 기관은 50여 개의 기업의 제안을 받고 도리어 고통스러워했다. 모든 기업의 제안 발표를 평가할 시간도 없을뿐더러 그다지 맘에 들었던 기업도 보이지 않았던 것이다.

"50여 개 기업이 입찰에 참여했습니다. 서류 심사와 평가위원들을 챙기느라 정신이 없다. 너무 바쁘다."

"이번 신입사원 선발에 20명을 뽑는데, 2만 명이 지원을 했다. 엄청난 인재들이 들어올 것 같다."

"고객 유치를 위해 오프라인 매장을 더욱 확대할 예정이다. 신규 매장당 신규 고객을 계산해 보면 매출 두 배 성장이 예상된다."

이런 말을 하고 있지는 않은가. 다다익선이라 생각하며 생산성을 떨어뜨리는 경우가 주위에 있는지 살펴보자.

● 투입과 절감의 생산성

생산성의 기본 정의를 보면 생산성 향상은 분자인 산출량을 늘리거나 분모인 투입량을 줄여야 한다. 간단히 생각하면 하던 것을 그대로 하는데 매출과 수익이 늘어나면 효율이 높아진다. 말은 쉽지만 경쟁이 치열한 시대에 추가적인 노력이나 획기적인 개선이 이뤄지지 않고서는 쉽지 않은 일이다. 그래서 생산성 향상에 관한 이야기를 하면 대부분 원가 절감에 매달리기 쉽다. 왜냐하면, 서비스의 개선이나 새로운 부가가치를 통한 산출량의 증가는 고객이 결정하는 일이기 때문이다. 이는 만만한 일이 아니다. 그보다 쉬운 길은 본인이 결정하고 컨트롤할 수 있는 투입량 감소이다. 그렇게 해서 상승하는 생산성에 대해서는 조금 생각해 볼 필요가 있다. 본래 어떤 목적으로 시작된 것인지 말이다.

▶ 변화와 기준의 생산성

연말이 되면 지상파 TV에서는 다양한 시상식을 진행한다. 시청률이 모든 것을 의미하지는 않겠지만 때때로 상을 받는 드라마나 프로그램들이 케이블이나 OTT의 비슷한 콘텐츠 대비 어떠했는가를 생각해 보자. 해당 방송국에서 눈에 띄는 실적이 없었는데도 그 안에서만 1등을 하면 상을 받을 수 있는 환경이 점점 지상파의 입지를 작게 만든 것은 아닐까?

만약 '올해 기억에 남는 드라마가 무엇인가요?'라는 질문에 지상파 드라마가 하나도 떠오르지 않는데도 연말에 지상파 시상식을 하고 있다면 시청자들은 어떤 생각이 들까?

시상식에 입상한 드라마 중에 역사를 배경으로 제작된 작품들이 꽤 많다. 그것을 보다가 문득 이런 상상을 해 봤다. 때는 임진왜란이 일어나기 직전의 조선이다. 일본은 이미 수십 년 전부터 서양의 상인들을 통해 총포를 가져와 활용하고 있다. 하지만 조선에서는 이런 일이 일어나고 있다.

"올해 목표는 화살 3,000만 개 생산이다."

그리고 연말이 되면 서로 이런 이야기를 나눈다.

"혼자서 화살 5만 개를 만들었다고? 대단한데! 승진!"

"이렇게 고급진 화살을 누가 만든 것인가! 대단한 기술이 아닌가! 평가 최상!"

그리고 전쟁이 일어난다. 총포로 무장한 일본군 앞에서 고급진 화살을 든 조선의 군인들은 낙엽처럼 쓰러진다. 생각해 볼 필요가 있다.

혹시 고급진 화살을 정말 열심히 만들고 있는 것은 아닐까.

▶ 조직과 개인의 생산성

생산성을 높이는 디지털 도구에 관해 설명하면서 심리적 이야기를 꺼내는 것이 어색할 수도 있지만, 실제로 많은 연구에서 생산성의 키는 심리적 안정감에 있다고 말한다. 여기서 심리적 안정감이란 현재의 조직과 공간에서 서로 자유로운 의사소통이 가능하고 벌을 받거나 보복당하지 않으리라는 심리적 믿음이다.

심리적 안정감은 조직 내에서 두려움 없이 목소리를 내고 다양한 기능을 수행하는 원동력이 된다. 자연스럽게 생산성 향상과 연결이 되고 함께 일하는 사람들과의 협업에서도 긍정적인 역할을 한다. 조직의 생산성을 고민한다면 디지털 도구에 앞서 조직원들의 심리적 안정성을 살펴볼 필요가 있다.

● 심리적 안정감과 목표의 관계

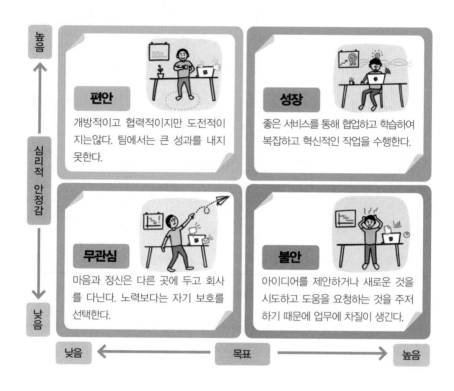

최근 기업의 HR 부서에서는 심리적 안정감만 살피는 것이 아니라 조직의 목표 수준과 얼마나 조화를 이루는지를 살펴보는 추세이다. 목표와 심리적 안정감이 적당할 때 조직과 개인이 함께 성장한다는 것이다. 심리적 안정감이 낮은 조직에서 목표만 높이 부여하다 보면 조직원들을 불안하게 만들어 생산성이 낮아진다. 실제로 목표에 쫓기는 조직은 구성원들의 심리적 안정감을 돌볼 여유조차 없다. 목표에 대한 부담 없이 심리적 안정감만 높은 조직은 구성원들에게 굿 플레이스인 것 같지만, 곧 다가올 미래에 독이 될 수도 있다. 그래서인지 회사 생활을 하다 보면 지금의 부서가 익숙하고 따뜻하다며 체류하는 사람들도 있지만, 새로운 도전을 위해 낯섦을 찾아 떠나는 직원들도 자주 보게 된다. 당신이 현재 소속된 조직은 사사분면의 어디쯤에 위치해 있을까.

생각해 보기

소속된 조직에서 가장 심리적으로 불안정한 사람은 누구입니까?
여러분의 가정에서 가장 심리적으로 불안정한 사람은 누구입니까?

● 불안과 문화의 생산성

많이 알려진 통계학 이론 중에 '1종 오류', '2종 오류'라는 개념이 있다. 가설, 기각, 거짓 등의 용어로 설명하기 시작하면 책을 덮을 수도 있으니, 바로 사례를 살펴보자. 예를 들어, 완벽하게 만든 제품을 불완전하다고 판정하면 1종 오류가 된다. 반대로 불완전한 제품을 완벽하다고 판정하면 2종 오류가 된다.

회사에서 가능성이 있는 서비스나 상품 출시를 논의하다가 1종 오류를 범하게 되면 단순히 기회를 놓치게 된다. 회사를 시장 내에서 압도적인 위치로 끌어올릴 기회였을 수도 있지만 '단순히'라는 표현을 사용한 이유는 그 오류가 쉽게 드러나지 않기 때문이다. 반면에 2종 오류가 발생하게 되면 기업 이미지 손상에서부터 금전적 피해에 이르기까지 많은 문제가 발생할 수 있다. 예상보다 형편없는 결과로 투자금을 회수하지 못하기도 하고 큰 결함으로 대규모 리콜을 단행하기도 한다. 그러다 보니 심리적 안정감이 없는 불안정한 조직은 2종 오류에 대한 걱정으로 인해 완전해도 불완전, 불완전해도 불완전한 의사결정을 많이 하게 된다. 그 결과, 1종 오류를 범하는 관리형 조직 문화가 자리 잡게 되고, 연말이 되면 성과로 꺼낼 것이 원가 절감밖에 없는 상황에 이르게 된다.

혹시 국내 기업에 먼저 제안된 아이디어가 받아들여지지 않아서 해외로 나갔는데 대박이 났다는 기사를 본 적이 있는가? 어떤 콘텐츠는 큰 기업에 먼저 제안했다가 거절당하고 신생 기업에서 받아들여져 대박이 났다는 이야기를 한 번쯤은 들어 봤을 것이다. 1종 오류는 발생하더라도 기회비용을 정확하게 측정하기가 어렵고 복잡한 의사결정을 통해 책임이 분산되어 있으니 흐지부지 넘어가게 되는 장점 아닌 장점이 존재한다.

조직이나 개인적인 측면에서 어떻게 해야 1종 오류를 최소화할 수 있을지 고민할 필요가 있다.

2

자동화를 통한 아웃소싱

자동화의 효능

기록하는 시스템이 갖춰지면 안정감이 생긴다. 게다가 하지 않아도 될 일을 하지 않게 되면서 생산성이 향상한다. 예를 들어 단순히 가입한 쇼핑몰, 여행할 때만 잠시 사용하는 항공사의 아이디와 비밀번호만 입력을 해두어도 오랜만에 홈페이지 접속을 할 때 2차 인증을 여러 번 하는 불편한 일이 사라진다. 아이들 주민등록번호, 자주 쓰는 계좌번호, 조부모님의 집 주소 등 암기하고 다시 묻던 것들을 기록하고 잊어버리면 된다. 필요할 때 쉽게 찾을 수 있는 시스템을 만들면 투입이 줄어드는 것이다. 암기를 위해 소모하던 뇌 에너지도 아낄 수 있고, 아낀 만큼 산출량을 늘리는 일에 집중할 수 있다.

조금 더 나아가 보자. 인공지능 서비스들이 좋아지면서 요즘은 코딩을 전혀 하지 않아도 자신만의 맞춤형 서비스들을 만들 수 있다. 예를 들면, 나는 대학원을 졸업하고 심리학 공부를 꾸준히 하고 싶어서 정신분석부터 실전 치료까지 매달 한 가지 주제로 책을 읽고 글을 쓰는 모임을 추진한 적이 있다. 회원을 모을 때는 구글 설문지에 접수를 받고 자세한 모임의 안내는 워크플로위로 진행했었다. 카카오톡이나 구글 설문지로 접수를 받고 입금 여부를 확인하는 것도 시간적으로 효율성이 떨어지는 일이었다. 입금을 하지 않은 분에게 '접수하셨는데 입금은 아직이라서 연락드립니다'라는 메시지를 보내는 것도 감정이 소모되는 일이었다. 물론, 구글 설문지로 접수를 받아 엑셀로 확인하고 워크플로위로 쉽게 공유하는 기술도 문자로 주고받던 과거에 비하면 엄청난 발전이었다.

● **노코드 자동화**

효율적인 업무를 위해 복잡한 자동화 코딩을 배우는 역설적인 상황을 해소

△ 자동화 → 시간절약	△ 코딩 없이 가능
창의적인 일에 집중	누구나 쉽게 할 수 있는 인터페이스
△ 방대한 양의 자동 기록	▽ 휴먼 에러 감소
데이터베이스 구축 및 재사용	누락과 실수 제거

그러다 노코드 자동화 도구들을 만나게 되었다. '자피어(https://zapier. com)', '랜드봇(https://landbot.io)', '채널톡(https://channel.io/ko)', '슬랙(https://

slack.com)' 등을 만나면서 생산성은 급격히 상승했다. 노코드는 일단 코딩을 할 필요 없이 드래그앤드랍(Drag&Drop), 템플릿 사용 등으로 손쉽게 원하는 것을 얻을 수 있다. 홍보와 마케팅 – 접수 – 입금 – 공지까지 전체 워크플로우를 최소한의 투입으로 가능하다. 자동화가 되니 방대한 데이터를 모으고 재활용할 수도 있게 된다. 가장 결정적인 것은 휴먼 에러가 감소하기 때문에 고객으로부터 신뢰를 받게 된다. 잦은 실수는 개인이든 조직이든 브랜드 가치를 떨어뜨린다.

아웃소싱과 자동화에 대한 고민들

도구와 시스템을 잘 갖춰두면 안심이 되고 신뢰가 쌓인다. 얼마나 진행이 되었는지, 접수한 사람은 몇 명인지, 입금이 되었는지 등을 하나하나 확인하고 생각하는 것도 정신을 분산시키고 에너지를 쓰는 일이다. 이렇게 미완성의 일을 떨쳐내지 못하고 에너지를 분산시키는 것을 심리학에서는 '자이가르닉효과(미완성효과)'라고 한다. 우리는 평소 사소한 미완의 일로 하루에 어느 정도 시간을 빼앗기고 있을까.

자동화는 결국 내가 하던 일 또는 누군가에게 부탁하려 하던 업무를 대신해 주는 것이다. 청소해 줄 사람을 찾는 플랫폼의 도움을 받아 집 청소를 아웃소싱하고 원하는 일을 하거나 그 비용 이상의 일을 하는 것이 생산적이다. 청소 서비스를 애용하는 맞벌이 후배 부부는 집 청소로 싸워본 적이 없다고 한다. 사람을 아웃소싱을 하던 시대는 점점 로봇을 아웃소싱하는 시대로 진화하고 있다. 주문받고 결제하던 사람 대신 키오스크가 서 있고, 사람이 없는 공장이 늘어나고 있다. '로봇프로세스자동화(RPA)'는 이제 조직에서 흔하게 듣는 단어가 되었다. 제조, 유통에서 많은 일들이 자동화되고 있으며, 이는 개인화 되어 '로봇데스크탑자동화(RDA)'로 확대되고 있다. 로봇 청소기가 청소를 대신 해주듯, 사람이 하던 많은 일들이 점점 더 자동화되어 가고 있다.

아웃소싱의 정의를 보면, 경영의 일부 과정을 외부의 제삼자에게 위탁하여 경영 효율을 극대화하는 것이다. 개인의 삶에 이것을 대입해 보면 우리는 이미 많은 부분을 아웃소싱하고 있다. 아파트 내부 청소도 누군가 돈을 받고 하고 있다. 마치 자동화가 된 것처럼 깨끗한 상태로 유지된다. 아이들이 다니는 학원도 직접 가르치기 어려운 내용을 누군가에게 위탁하여 아이들의 실력을 효율적으로 높여 준다. 어떻게 보면 과일 가게에서 사는 과일조차도 농장에 직접 다녀오는 수고를 과일 가게에 위탁하고 비용을 지급한다고 봐야 하지 않을까?

이제는 시대가 변해 인간에게 위탁하던 아웃소싱이 점점 인공지능으로 대체되고 있다. 인간이 하던 배송, 청소, 안내도 로봇이 한다. 몇 년 내에 20~30명의 학생에게 똑같은 내용을 전달하는 공교육 대신 아이 한 명에 로봇이 한 대씩 배치되어 아이의 실력에 맞는 교육 과정을 설계하고 도와주는 교육이 가능해지는 시대가 올 것이라고 한다. 먼 미래에는 딥러닝으로 학습한 데이터를 기반으로, 말하지 않아도 내가 원하는 것을 예측하고 자동화할 아이템을 제안하는 인공지능이 출현할 수도 있다.

하지만 그전에 아웃소싱과 자동화에 대한 다음의 고민들이 기본적으로 선행되어야 한다.

첫째, 필요한 일인지 다시 한번 검토하는 것이다. 쓸모없는 일에 아웃소싱과 자동화를 도입하면 안 된다. 실제로 1인 기업이나 초기 창업자들은 직원 고용에 굉장히 신중하다. 월급을 줘야 하기 때문에 사람을 선발하고 함께하는 것이 필요한지 고민한다. 직원이 있으면 본인이 하던 일을 아웃소싱할 수 있지만, 적지 않은 고정비를 부담해야 한다. 반면에 큰 조직에 소속되어 있을 때는 직원의 월급을 상사가 주지 않는다. 일을 리드하는 사람과 비용을 지급하는 사람이 다를 때는 아웃소싱에 대한 부담도 달라진다. 그렇다 보니 필요하지 않은 일을 맡겨보기도 한다. 때로는 사람 수를 기반으로 일을 만들기 때문에 없어져도 되는 일이 계속 존재하기도 한다. 아웃소싱과 자동화 여부를 판단하기 전에 기존의 규칙과 업무 프로세스를 반드시 정비할 필요가 있다.

둘째, 시키는 일이 명확해야 한다. 일을 제대로 시키지 못했을 때 그것은 고스란히 비용으로 돌아온다. A라는 일을 맡겼는데 B라는 일이 진행되어 돌아오면 직접 하거나 다시 시켜야 하는 일이 발생한다. 추가 비용이 드는 것은 당연한 일이다. 어떤 일을 시켜야 하는지 명확하지 않으면 해당 업무를 자동화할 때도 효율적인 흐름을 만들어 내지 못한다.

셋째, 우선순위와 데드라인이다. 예외도 있지만 동시에 여러 가지 일을 해내며 즉각적으로 결과를 내는 자동화에는 해당하지 않는 사항일 수도 있겠다. 하지만 역시 생산성 측면에서는 한 번쯤 고민해야 하는 항목이다.

일을 맡겼다면 무엇이 더 중요하고 언제까지 필요한지 상대가 정확하게 알고 있어야 한다.

정리하면, 필요한 일을 명확하게 시키고, 원하는 순서대로 기한 내에 결과가 나오도록 한다. 이에 대한 대가로 지불한 비용보다 높은 부가가치를 창출해야 한다. 당연한 이야기처럼 들리겠지만 현실에서는 제대로 이루어지지 않는 경우가 꽤 많다.

생각해 보기

아웃소싱하고 싶은 일 세 가지를 떠올려 봅시다.
그리고 그 세 가지 일을 안 하는 대신 어떤 부가가치를 만들 수 있을까요?

▶ 자피어

자피어(https://zapier.com)는 여러 가지 플랫폼을 연결하여 자동화할 수 있는 서비스이다. 반복적으로 일어나는 일을 간단한 입력, 선택 기능으로 연결하여 자동화할 수 있다. 단순 반복 업무를 하는 직장인 또는 사업을 하면서 고객 응대를 하는 경우에 유용하게 사용할 수 있다.

● 노코드 업무 자동화

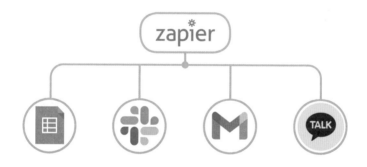

다양한 플랫폼 서비스를 Zapier를 중심으로 연결

영어가 조금 익숙한 사람들은 랜드봇(https://landbot.io)을 사용하면 좋고, 그렇지 않으면 채널톡(https://channel.io/ko)이나 카카오톡 비즈니스도 추천한다. 개인적으로 자동화에 대한 획기적인 경험을 했던 서비스는 자피어이기에 간략하게 살펴보겠다.

자피어는 'if~ then~'처럼 '무슨 일이 생기면, 이것을 실행하라'라는 '트리거Trigger'와 '액션Action'을 구조로 플랫폼 간의 연결을 돕는다. 예를 들어 구글 설문지로 접수를 받고 관련 내용을 슬랙 메신저로 알림을 보낸다. 트리거가 구글 설문지의 신규 접수이고, 액션이 슬랙 메신저 알림이다. 반대로 슬랙에 새로운 메시지가 있으면 그 내용이 자동으로 구글 스프레드시트에 추가되도록 할 수 있다. 새로 도착한 이메일에 환불, 취소 등의 특정 문구가 포함되어 있다면 구글 스프레드시트에 추가하도록 한다.

● **자피어 작동 원리**

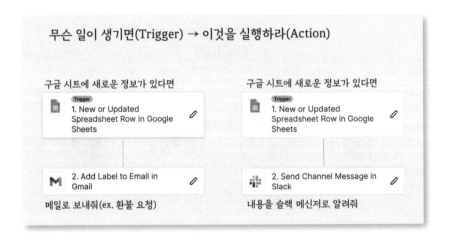

처음에는 이렇게 간단한 자동화를 연습한 후 여러 단계를 연결해 보자. 예를 들어, 환불 요청의 이메일이 도착한다면 구글 스프레드시트에 메일을

보낸 사람의 이메일이 자동으로 입력이 되고, 준비해 둔 문구의 메일 내용이 자동으로 회신 될 수 있도록 연결하는 것이다. 그리고 회신한 내용이 슬랙에도 메시지로 전달되어 스마트폰으로 언제든지 알림을 받을 수 있게 해 두는 것이다.

자피어의 가장 큰 강점은 다양한 앱과 서비스를 연결해서 사용할 수 있다는 점이다. 언급한 슬랙, 구글 외에도 노션, 아웃룩, 솔라피 등과 함께 활용하면 메시지와 카카오톡까지 전송이 가능하다. CRM, 고객관리의 접수부터 사후 처리까지 가능하다.

● **자피어 액션 설정 화면**

이처럼 자동화하고 싶은 일의 프로세스를 구조화하고 노코딩 플랫폼을 사용하면, 물리적 시간을 포함한 자신의 투입 자원을 아낄 수 있게 된다. 자피어에 접속해서 사용해 보면 너무나 간단한 과정이지만, 처음 사용하는 사람들은 '이게 가능하다고?'라며 놀라는 경우가 많다. 나도 마찬가지였다. RDA가 어느 정도까지 발전했는지 궁금한 사람들은 꼭 자피어를 사용해 보자.

● 자피어 트리거와 액션의 연결

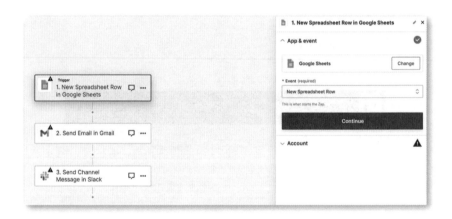

과거에 버스 문이 자동으로 열리지 않고 사람이 열어주는 시대가 있었다. 미래에는 '옛날에는 배달과 운전을 사람이 했던 시대가 있었다'라고 아이들에게 오래된 역사처럼 가르치는 시대가 올 것이다. 별도의 노력을 하지 않아도 저절로 되는 작업들이 많아질 때 인류는 그다음 기술로 넘어갈 수 있다.

▶ 캔바

카드뉴스, 포스터 등의 템플릿을 제공하고 손쉽게 수정할 수 있는 망고 보드, 미리캔버스가 처음에 출시되었을 때 많은 사람들이 환영했다. 디자인 업체의 의존도를 확 줄이고, 자신이 원하는 내용과 방식으로 수정할 수 있기 때문에 조금만 감각이 있는 사람들은 직접 제작하기 시작했다. 하지만 시간이 지나 플랫폼이 대중들에게 알려지고 일부 기관이 비즈 계정으로 다수의 사람이 사용하면서 SNS에서는 온통 비슷한 디자인이 넘쳐났다. 그만큼 피로도가 높아졌다. 그때 이것을 살짝 비껴갈 수 있는 플랫폼이 캔바 (https://www.canva.com)였다. 해외 플랫폼이다 보니 기존 국내 플랫폼과 다른 느낌의 템플릿을 제공한다. 교사와 학생들에게 무료로 프리미엄 기능을 제공하는 것도 매력적이다. 유튜브 쇼츠, 인스타그램 릴스, 웹사이트 디자인 등 제공하는 범위가 폭 넓은 것도 강점이다.

● CANVA 웹페이지 화면

캔바는 지속적인 업데이트를 진행하면서 생성형 AI 기능이 추가되고 있다. 'DALL-E', 'AI Voice' 등 외부 앱을 필요에 따라 연동할 수 있으며, 배경 제거 도구, Magic Eraser, Expand, Edit, Grab, 텍스트 추출 등으로 간단하게 디자인을 수정할 수도 있다. 클릭만 하면 적용되는 기능이기에 어떤 것을 할 수 있는지 예시로 살펴보겠다.

● **CANVA의 기능들**

● CANVA 기능을 활용한 작업 예시

Before   After

Expand로 1:1 적용 후 Grab으로 사람 이동

　사람을 너무 높이 올린 감이 있지만, 중요한 것은 한 장의 사진을 수정하는 데 그리 오랜 시간이나 노력이 필요하지 않다는 것이다. 게다가 누끼를 따는 등의 수고가 필요 없다는 것이 중요하다. 이와 같은 캔바의 유용한 기능들은 교사 계정으로 팀원 초대 메뉴를 활용하면 누구나 무료로 사용할 수 있다. 교육청에서 지급하는 무료 오피스365, 캔바 교육용 무료 계정 등 좋은 것들이 꽤 있다. 알지 못해서 사용하지 못하는 일이 없었으면 좋겠다.

▶ GPTs

캔바뿐만 아니라 많은 서비스에서 생성형 인공지능 기능을 추가하고 있다. 그 정점에 있는 것이 GPTs(https://chat.openai.com/gpts)이다. ChatGPT를 만든 OpenAI에서 자신만의 맞춤형 GPT를 만들 수 있도록 개발한 커스터마이징 서비스다. 최근 출시되는 서비스들처럼 코딩 없이 서비스를 만들 수 있는 것이 특징이다. 그리고 앱스토어와 같은 GPTs Store도 공개되어 고품질 콘텐츠가 쌓이고 있다. 다만, 현재는 유료사용자에게만 공개되어 있으니 조금 더 기다릴지, 당장 참여할지는 여러분의 선택이다.

● GPTs 웹페이지

▶️ 뤼튼

강남에 위치한 뤼튼테크놀로지스 사무실에서 관계자들과 이야기를 나눌 기회가 있었다. 투자 유치 현황과 Next Portal이 되고자 하는 그들의 구체적인 비전에 대해 들을 수 있었다. ChatGPT 등 해외 생성형 AI 서비스가 불편한 사람들에게는 뤼튼(https://wrtn.ai/)을 강력하게 추천한다.

ChatGPT와 유사한 기능을 채팅에서 제공하고 있으며, 앞서 언급했던 확장프로그램 AIPRM과 유사한 프롬프트 허브를 별도로 제공한다. 또한, 챗봇과 같은 AI도구를 직접 만들어 볼 수 있는 AI스토어를 무료로 제공하고 있다.

● 뤼튼 웹페이지

▶ AI 생성형 포탈

최근 너무나도 많은 생성형 AI 서비스가 새롭게 출시되고 있는데 coolai.app은 이를 한 페이지로 정리해 주는 사이트다. 유료와 무료를 표기해 주고, 괜찮은 서비스는 '에디터 추천'으로 상단에 노출한다.

텍스트만 입력하면 영상이 만들어지고, 새로운 음악 작곡이 5분도 채 걸리지 않는다고 한다. 하지만 실제로 서비스가 어느 정도 대중화되어 있는지는 알 수 없을 때가 많다. coolai.app은 기술 발전의 감을 유지하는 데 큰 도움이 되는 사이트다. 상단에 있는 서비스는 주기적으로 체크하고 활용해 보자. 인류가 얼마나 빠르게 전진하고 있는지 금세 알게 될 것이다.

● coolai.app 웹페이지

3

생산성의 적, 자아 고갈

자아 고갈을 방지하는 디지털 도구

함께 일했던 리더 중에 팀원들을 둘씩 짝지어 일을 시키는 사람이 있었다. 두 명이 한 팀이 되어 프로젝트를 담당하고 그 프로젝트가 끝나면 팀원들은 며칠 여유를 갖고 학습하는 시간을 가질 수 있었다. 그리고 본인은 또 다른 두 명을 데리고 추가 프로젝트에 집중했다. 리더는 쉬는 시간이 별로 없었지만, 조직원들의 만족도는 굉장히 높았다. 시간이 흘러 되돌아보니 그는 팀원들의 자아가 고갈되지 않도록 마음 에너지를 관리할 줄 아는 리더였다.

리그오브레전드라는 게임이 있다. 많은 중고생들의 어머니들을 힘들게 하는 게임으로, 국제 스포츠 대회 정식 종목으로 언급되기도 한다. 이 게임에는 캐릭터의 체력과 정신력을 정신력을 의미하는 HPHealth Point,

MP_{Mana Point}가 있다. HP가 꽉 찬 캐릭터는 겉으로는 멀쩡해 보이지만 MP가 없는 상태로 돌아다니면 객사하기 쉽다. 현실에서도 똑같다. 아픈 곳이 없어 보이는 직원이 생산성이 떨어지거나 조용한 퇴사를 결심하는 것은 HP보다 MP의 영향이 크다. 사람의 절제력, 인내력, 의지력은 무한하지 않다. 충전하지 않고 사용하기만 하면 언젠가는 고갈될 수밖에 없다. 이것이 자아 고갈의 개념이다.

노벨 경제학상을 수상한 최초의 심리학자 대니얼 카너먼은 자아 고갈에 대해 "무엇인가를 억지로 해야 했다면 다음 작업에서는 자기 통제력을 발휘할 의지나 능력이 줄어든다"라고 설명했다. 미국의 심리학자 로이 바우마이스터는 충동을 억제하고 욕망을 이겨내기 위해서는 노력과 에너지가 필요하며, 이는 한정된 자원으로, 사용하면 고갈된다고 했다. 또한, 자기 통제력은 다시 충전할 수 있지만 사용한 속도보다는 느리게 회복되며, 훈련으로 자기 통제력의 능력일 높일 수 있다고도 했다.

물론 최근 연구에 의하면 의지력은 무한하다고 생각하며 '중요한 것은 꺾이지 않는 마음'이라고 여기는 사람들은 과제 집중력은 떨어져도 포기하지 않는다고 한다. 그래서 마음 에너지가 아닌 '마음만 먹으면 뭐든지 할 수 있다'는 사고방식이 더 중요하다는 주장이 있다. 일체유심조를 지지하지 않는 나로서는 이 두 가지가 혼합된 모델을 제안하고 싶다. 목적과 목표를 연결한 과업으로 꺾이지 않는 마음을 장착하는 동시에 스트레스나 저항을 최소화할 수 있도록 마음 에너지를 지속적으로 관리하는 것이다.

업무뿐만 아니라 인간관계도 마찬가지이다. 간혹 주위의 모든 경조사에 참여하면서 주말이 없다며 푸념하는 사람들이 있다. 관계의 생산성은 스마트폰 사진과도 같다. 물리적인 용량은 한정되어 있다. 여기에 저해상도로 사진을 찍으면 1,000장의 사진을 찍을 수 있겠지만, 고해상도로 찍으면 100장밖엔 찍을 수 없다. 본인의 선택이긴 하지만, 정말 중요한 일이나 소중한 사람에게 사용해야 할 때 MP가 없어 상황을 곤란하게 만드는 일은 없도록 해야 한다. 자신이 감당할 수 있는 범위를 미리 파악하고 고갈되지 않도록 관리할 필요가 있다.

어떤 드라마에서 "잘 사는 사람은 좋은 사람 되기 쉬워"라는 대사가 있었다. 여기서 잘 사는 사람은 꼭 부자만을 의미하는 것이 아닐 것이다. 물리적 정신적 여유가 있는 사람을 모두 포함한 의미가 아닐까 싶다. 남녀 관계도 각자의 일이 잘 풀리고 여유가 있을 때 좋은 언어를 서로 주고받을 확률이 높아진다. 직장에서 일이 잘되면 퇴근 후 집에서도 좋은 분위기를 만들고 다음 날 일을 할 수 있는 MP가 추가로 만들어진다. 여러분의 마음 에너지는 어떻게 관리가 되고 있나? 무한대인 것처럼 사용되고 있지 않았으면 좋겠다.

자신의 자아 생산성에 관심을 가질 필요가 있다. 모든 것에 집중하는 것이 아니라 디지털 도구에 최대한 위임하고 조금 더 중요한 일에 집중하는 것도 필요하다. 물리적인 시간에 쫓겨 자신을 자아 고갈로 몰아붙이지 말고, 무엇을 할지 결정할 수 있는 선택의 자유를 자신에게 주어야 한다. 이것이 바로 생산성이다. 그리고 이는 나다운 삶을 살아가는 첫걸음이기도 하다.

여러분의 자아가 고갈되는 순간은 언제인가요?

그 순간을 줄이거나 피할 수 있는 방법이 있을까요?

자신의 고갈된 자아를 회복하는 방법으로 어떤 것들이 있나요?

▶ 패턴 끊기와 핵심 고리

직장인 A는 자기계발 특강을 듣고 동기부여가 되었다. 북콘서트에서 만난 저자의 삶처럼 미래 계획도 세웠다. 특정 주제에 대해 글을 읽고 고가의 동영상 학습도 접수했다. 하지만 막상 일을 마치고 집에 가면 '온라인 게임을 딱 한 판만 할까'라는 생각에 PC를 켠다. 그리고 잠시 게임을 하고 나면 어느덧 시계가 새벽 1시이다. 오늘도 시간 가는 줄 모르고 게임을 한 것이다. '내일은 반드시 공부해야지'라고 다짐하지만, 다음날도 같은 패턴의 반복이다. 직장에서 마음 에너지를 모두 소진하고 집에 돌아오면 다시 PC를 켜게 된다.

에릭 번 박사가 연구한 교류 분석에는 심리 게임이라는 이론이 있다. 누구나 패턴이 있다는 것이다. 임상심리학 전공인 내 지도 교수님은 그 패턴의 핵심 고리가 있다고 했다. 습관에 대해 조언을 할 때마다 구체적인 과정을 꼭 물어보고 핵심 고리에 관한 이야기를 나눴다. 예를 들어 집에 가서 PC를 켜는 과정이 핵심 고리이면 그 고리를 끊는 것에서 변화가 시작된다.

'집에 가면 PC를 켜지 않고 다른 무엇을 한다.'

습관의 핵심이 되는 행동을 다른 행동으로 대체하는 것이다. 그래도 PC를 켜게 되면 집에서 하는 것이 아니라 장소를 바꿔 보자.

'카페에서 8시부터 10시까지 강의를 듣고 집으로 간다.'

아인슈타인이 말했다. "똑같은 일을 반복하면서 다른 결과를 기대하는 것은 미친 짓이다"라고. 원하는 결과가 나오지 않는다면 무엇인가를 다르게 하는 것에서 시작해 보자.

▶ Not to Do와 Plan B

원하는 패턴을 만들 때 도움이 되는 두 가지를 추가해 보겠다. 먼저 '하지 않아서 자랑스러운 일'이다. 스티브 잡스는 하지 않은 일들에 대해서도 한 일만큼이나 자랑스럽다고 했다. 누구나 과거의 패턴으로 돌아갈 확률이 반드시 존재한다. 좋은 행동과 패턴을 만들려면 그것을 당연하게 받아들일 것이 아니라 칭찬하는 리추얼이 필요하다. 하지 않아서 자랑스러운 일을 작성해서 붙여 놓고 지속할 수 있도록 자신을 독려하자.

또 다른 한 가지는 'Plan B'이다. 매일 아침 달리기를 하는 습관을 가진 사람이 밖에 폭우가 내렸을 때 어떻게 할지 미리 준비해 놓는 것과 같다. 밖에 비가 내리면 실내에서 어떤 운동을 할 것이라 미리 Plan B를 정해두는 것이다. 빗소리가 들리면 '비가 오는데 어떻게 하지, 운동할까 말까'라는 생각을 하며 마음 에너지를 소모하기 시작한다. 자기 통제력이 감소하게 된다. 그렇지만 Plan B를 미리 정해두면 고민하는 것에 사용할 마음 에너지를 최소화할 수 있고, 다음 계획을 진행시키는 것에 사용할 수 있다.

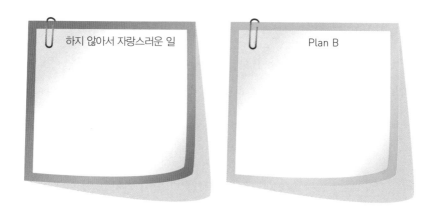

하지 않아서 자랑스러운 일

Plan B

Plan B는 습관 실행뿐만 아니라 감정 조절에도 활용할 수 있다. 직장에서 누군가의 무례한 언행으로 스트레스를 받게 되었을 때 에너지 소모보다는 Plan B를 가동한다. 비가 운동을 방해하는 것처럼 그 사람의 무례함이 자신의 일상을 방해하려 할 때 Plan B를 실행하자. 스스로를 위해 하지 않아도 될 일을 선택하는 것이 '하지 않아서 자랑스러운 일'이라면, 'Plan B'는 외부 요인의 영향을 최소화하는 준비이다.

▶ 세로토닌과 도파민의 구분

고갈된 자아를 충전하는 방법은 개인에 따라 제각각이다. 이때 착각하면 안 되는 것이 세로토닌과 도파민이다.

'10시간 공부만 했으니 잠깐 PC 게임을 해볼까.'

하지만 이상하게도 PC게임을 하고 나면 공부에 집중이 안 된다. 방금 이겼던 게임이 생각나며 기분은 좋지만 도무지 글자가 잘 들어오지 않는다. 분비된 도파민으로 인해 다시 집중하기까지 또 에너지와 시간이 걸린다. 도파민은 강한 쾌감과 흥분을 동반하지만 이를 유지하기 위해서 보상과 중독성이 강한 이슈들과 친하다는 문제가 있다. 여기에는 술, 담배, 성공, 도박, 게임, 과소비 등이 포함된다. 심지어 충분하게 갖지 못했을 때는 불안, 우울, 분노 등의 금단 현상이 생기고, 점점 더 많이 가지고 싶은 내성까지 생긴다. 이렇게 도파민을 분비시키는 강한 쾌감과 흥분을 동반하는 일이 과연 마음 에너지를 충전시켜 줄까? 혹시 남은 에너지까지 소모하게 만드는 것은 아닐까?

반면 세로토닌은 삶의 질 호르몬으로 불린다. 자연과 시간을 보내고, 규칙적인 운동과 햇빛 노출, 건강한 식사와 명상 등이 세로토닌을 분비시킨다. 물론 도파민을 분비시키는 행동들과 비교해 보면 재미없다는 느낌을 받을 수도 있다. 결국 본인의 선택이다. 다만, 자아를 고갈시키는 활동을 하면서 '스트레스를 풀고 있다'라고 오해하지 않았으면 좋겠다. 도파민을 분비시키는 행동과 세로토닌을 분비시키는 행동이 무엇인지 제대로 알고만 있어도 도움이 될 것이다. 최소한 자신에게 해가 되는 행동을 알면서도 계속하는 사람은 없을 것이라 생각하기 때문이다.

4

관계의 생산성

관계에도 도움 되는 디지털 도구

생산성만 고민하다 보면 효율과 효과를 구분하지 못하는 함정에 빠지기 쉽다. 효율은 일을 옳게 하는 것이고 효과는 옳은 일을 하는 것이다. 앞서 언급한 것처럼 효율적으로 활을 잘 생산해도 전쟁에서 그다지 효과를 거두지 못할 수 있다. 도구와 생산성을 고민하는 사람이라면 효율과 효과를 구분할 필요가 있으며, 효율만 쫓다가 효과를 놓치는 경우가 발생하지 않도록 주의해야 한다.

대표적인 것이 관계, 그중에서도 가족이다. 인간은 언어와 환경의 영향을 받기 때문에 생산성에 대한 글이나 사례들을 접하면서 중요한 것을 놓치는 경우가 있다. 투입과 산출을 측정하기 위해 숫자를 사용하게 되고, 숫자는 현실의 많은 부분을 생략시키고 합리화한다. '이 비용을 아낀다면 종잣돈을 더 빨리 마련할 수 있는데.', '이 시간에 일을 하는 것이 더 나을 텐데'라며 가족들과 보내는 시간이 줄어들고 지인들과의 만남보다는 비즈니스적으로 필요한 사람들과의 약속이 많아진다.

이 함정에 빠지지 않기 위해서는 주제에 따라 다른 생산성의 척도가 필요하다. 그래서 느긋하게 행복의 타임머신을 타고 목표를 탐색하며 정기적으로 방향을 점검해야 한다. 결심을 했더라도 주위에서 열심히 달리고 있다는 느낌이 들면 다시 숫자의 프레임에 빠지기 쉽기 때문이다. 실제로 생산성 워크숍에서 만났던 다수의 사람들이 이 부분을 고민하고 있었다. 그중에서 개인적으로 아이들을 키울 때 가장 효과를 많이 본 방법을 여기에 소개해 볼까 한다.

많은 직장인들의 육아가 그렇듯 평일 낮에 아이들과 함께 시간을 보낸다는 것은 쉽지 않은 일이다. 때로는 야근을 하거나 출장으로 며칠 동안 아이들과 대화를 못 하는 경우도 있다. 그럴 때 유용하게 사용할 수 방법 중 하나가 '가족 노트'이다.

- 예서는 왜 화가 났어? 지금 내 화가 이마까지 와 있어. 그래서 확 나오는 거야.
- (한참 있다가) 지금은 화가 어디에 있어?
- 자고 일어나면 가슴 쪽으로 화가 내려가 있어. 그래서 한 번에 나오지 않아. 오후가 되면 화가 이마 쪽으로 와서 누가 화나게 하면 확 나와.

(2015.11.26. 가족 노트 중 '예서 이야기')

● 아이들 과제물 사진 ① : 아빠

이렇게 주 양육자가 가족 노트에 아이들과 있었던 일을 기록하면 많은
시간을 할애하지 못해도 밀도 있는 대화를 할 수 있는 재료가 된다. '지금
은 화가 어디쯤 있어?, 아빠가 예서를 봤더니 화가 배까지 내려온 것 같아'
처럼 대화의 좋은 오프너가 될 수 있다. 유치원이나 학교에서 있었던 일을
가족 노트를 통해 미리 알고 있으면, '요즘 학교생활은 어때?', '공부 열심
히 하고 있지?' 등의 상투적인 오프닝을 피할 수 있다.

부모 입장에서는 물리적으로 시간이 부족했을 때 효과를 톡톡히 봤던 노
하우이기도 하지만, 아이들이 성장하면서 '가족들 간의 비밀이 없다'라는
점을 단점으로 지적하기도 한다.

- 아빠가 어떤 일을 해야 하는데, 굉장히 어려울 것 같아. 어떻게 하면 좋을까?
- 마음으로 그려보면서 미리 준비해요. 갑자기 하면 더 어려우니까.
- 그래도 잘 안 되는 일이면 어떻게 해?
- 그 전 단계를 연습해요. 거기에 분명 힌트가 있어요.

(2018.10.03. 가족 노트 중 '윤서 이야기')

● 아이들 과제물 사진 ② : 나는 꾹수다

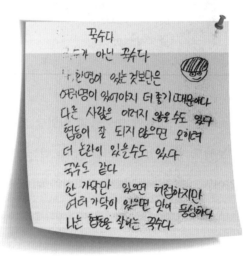

아이들을 키우다 보면 신기한 이야기를 할 때가 있는데, 번뜩 떠오른 아이디어처럼 붙잡아 두고 싶을 때가 있다. 공교육에 물들어 갈수록 듣기 어려운 말들이기에 더욱 소중하다. 이러한 사소한 기록들은 아이들이 성장했을 때 좋은 이야기의 소재일 뿐만 아니라 정서 발달에도 도움이 된다.

● 아이들 과제물 사진 ③ : 해야 하는 것과 하고 싶은 것

폴더명 : 타인에 대한 관심

입사 초기에 후배들보다 선배들이 더 많던 시절에는 개인 정보를 반복적으로 묻는 선배들이 불편했다.

"네가 아들만 둘이던가?"

"아직 아이가 없는데요." (저번에도 물었잖아요)

오랜만에 만나 예전에 물었던 질문을 또 하면 '이 사람은 내게 관심도 없으면서 할 말이 없어 물어보는구나'라는 생각이 든다. 나중에 후배들이 더 많을 나이가 되면 나는 어떻게 하는 게 좋을까 생각했다. 물론 개인 정보는 먼저 말하지 않으면 묻지 않는 것이 제일 좋다. 하지만 회식 자리나 단둘이

소주 한잔할 때 말해줬던 내용을 잊는 것도 큰 실례가 된다고 생각했다. 묻지 않고 기억은 잘하는 선배. 그래서 가족 노트 밑에 '폴더명 : 타인에 대한 관심'이라는 새로운 노트를 하나 더 만들었다.

회식이나 술자리를 마치고 대중교통을 타면 제일 먼저 이 노트를 열고 오늘 만난 사람 이름 옆에 정보를 추가했다.

- 아이의 입학 시기가 다가오면서 감일지구로 이주를 고민
- 교육학을 전공한 아내는 중단했던 공부를 하고 싶어 함
- 아버지는 공공기관에서 퇴직하시고 운송업 시작. 만족도 높음
- 오빠는 선글라스 회사. 친한 남사친과 여사친이 한 명씩 있음

대단한 내용이 아니기 때문에 기록하는데 5분도 채 걸리지 않는다. 처음에는 회사 사람들만 메모했지만 내가 만나는 모든 사람들을 기록하기 시작했다. 예를 들어 대학 수업을 출강하다 보면 정기적으로 과정 담당자를 만날 때가 있다. 도착하기 전에 이름 검색으로 지난번 기록을 잠시 살펴본다. 그리고 만나면 적절한 말을 건넨다.

"아버님 수술은 잘 되었나요? 회복 중이실 것 같은데."

나는 아이들에게 "아빠 T야?"라는 말을 자주 들을 정도로 타인의 마음에 깊이 공감하지 못하는 편이다. 친하지 않은 사람과는 따뜻한 대화를 어떻게 시작하는지 몰라 어려워 하기도 한다. 하지만 오랜만에 만나 예전에 했던 간단한 기록을 보고 건넨 질문으로 "어쩜, 그런 것을 또 기억하고 물어

봐 주시나요. 따뜻한 강사님"이라는 말을 듣는 사람이 된다. 얼마 전 5년 만에 만난 후배와 점심을 먹게 되었을 때도 노트의 기록은 힘을 발휘했다.

"장모님, 장인어른이랑 살았었잖아. 건강하시지?"

"아, 저 분가한 지 좀 됐어요. 형. 그런 건 어떻게 기억해요?"

비록 기억이 아니라 기록의 힘을 빌린 것이지만, 나를 바라보는 눈빛이 달라진다. 투입 대비 효과가 좋은, 기록 ROI가 높은 활동임이 분명하다.

기록하고 질문을 하면 사람들로부터 좋은 피드백을 받게 된다. 다른 사람의 일에 관심을 가지고 기억하고 물어봐 주는 사람이라는 좋은 이미지가 쌓인다. 그런 사람이 아니었는데, '배려심 깊고 섬세한 사람'이라는 말을 계속 들으니 그렇게 되고 싶어지기도 한다. 이상하게 점점 더 다른 사람의 이야기에 귀를 기울이고 관심을 두게 된다. 기록했던 경험이 쌓이고 관심이 생기니 질문도 더 자세히 하게 된다. 어느새 주위로부터 이런 이야기를 듣게 된다.

"너 많이 변했다!"

▶ 가족 노트

초등학교 4학년 정도만 되어도 파워포인트를 포함한 디지털 도구를 사용하는 데 어려움이 없다. 아이들이 어릴 때는 주 양육자의 정보 공유를 기반으로 소통했다면 이제 노션을 활용하여 직접 소통이 가능하다는 의미다. 노션 페이지에서 주 1회 사회, 영어, 여행, 도구 등을 다루면서 이야기를 나눠 봤다. 아이들과 추억을 쌓는 이야기 소재가 점점 풍성해진다. 물론 강압적으로 진행하지 않는다는 조건이 붙는다.

● 노션 가족 노트 페이지 화면

아이들이 원하는 목표나 가지고 싶은 것이 있으면 본인들이 페이지를 만들어서 공유하기도 한다. 간단한 숙제를 내주고 여유롭게 일요일 아침에 함께 살펴보며 질의응답을 하면 또 다른 느낌의 반나절을 경험할 수 있다.

● 노션 가족 여행 페이지 화면

(초안)제주 여행 일정 및 비용

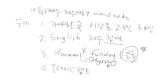

변경사항

플레이스캠프제주는 14세 이상 투숙 가능
- 윤서 숙박 불가

10.19 김포 출발 ~ 10.22 광주 도착 (for 제사 참여)

- 공항버스 12:40 5,000원 * 3명 = 15,000원
  공항식사 12,000원 * 3명 예상
- 제주v패스 19,900원 * 3명 = 59,700원
- 10.19 13:50 김포공항 → 14:55 제주공항 3명 총 71,200원
- 렌트카 19일(화) 15:30 ~ 21일(목) 17:00 총 114,500원

[블루렌트카]
나현진 님, 2021-10-19 15:30 부터 2021-10-21 17:00 까지 예약되었습니다. 공항5번게이트 맞은편 우측 셔틀탑승장 5번구역 4번 <블루,라인렌트카> 버스 탑승 (매시간 정각, 20분, 40분 출발)

- 이호테우 해변
- 박물관은 살아있다
- (저녁) 흙돼지 두루치기 24,000원

- 10.19일 숙소 오션뷰 게스트하우스 110,000원

- (조식) 게스트하우스 8시
- 라파엘로
- 그림카페

가장 적극적으로 사용하는 방법이자 권장하는 것은 여행이다. 평소 아이들과 많은 시간을 보내는 아내를 두고 아이들과 여행을 떠난다. 아내는 오랜만에 혼자 휴가를 보낼 수 있어서 좋고, 나는 아이들과 좀 더 가까워질 수 있어서 좋다.

출발 2주 전에는 아이들에게 '내가 가고 싶은 장소 세 곳'이라는 주제로 파워포인트를 작성하여 발표하도록 한다. 처음에는 파워포인트 사용법도 미숙하고 스스로 여행 계획을 짠다는 것을 낯설어했지만 몇 번 진행하다 보면 이내 익숙해진다. 아이들의 습득 능력은 어른들보다 나을 때가 많다.

이렇게 아이들이 직접 짠 여행 계획은 때때로 독이 되기도 한다. 기획의 맛을 처음 본 아이들은 본인들이 설계한 일정대로 여행이 진행되길 바라기 때문에 쉬어가기 위해 일정을 변경하거나 시간을 지체하는 일을 용납하지 않는다. 실제로 나는 아이들과 여행을 가서 점심을 꽈배기로 때우고 다음 여행지로 향할 때도 있었다. 그래도 부모가 모든 것을 결정하고 따라다니기만 하다 자신이 어디를 다녀왔는지조차 모르는 여행보다는 자신들이 가고 싶은 곳을 스스로 계획하여 다니는 여행이 훨씬 더 많은 추억을 남길 수 있다.

생각해 보기

가족. 친구. 연인과 노션 공유 페이지를 만들어 봅시다.
어떤 주제로 하면 좋을까요?

▶ 관계 노트

먼저 노트명을 정한다. 나는 다른 사람의 일에 관심을 가지라는 의미에서 '타인에 대한 관심'으로 정했다. 각자 원하는 바를 폴더명으로 정해보자.

● 나의 관계 노트 작성 예시

나의 관계 노트 작성 예시	개인	가족	변동사항
고생산	2010년 입사 승진 이후 그룹사 근무 고민 결혼 이후 종교 선택	본인과 아이들 모두 비염 영한(2011) 혜진(2017)	2023. 아내 이직 후 만족도 높음 강아지와 고양이 입양 사내 MBA 학위 파견 합격
나도구	유통과 마케팅에서 오래 근무 정치와 봉사활동에 관심 모태 신앙	배우자 교육학 전공(석사 고민 중) 호용(2014) 재민(2018)	2018. 승진 출산 이후 전세 줬던 자가로 이동 자녀 교육 관련 강남으로 이동 고민

내용 작성은 누군가를 만난 직후가 가장 좋다. 기억은 왜곡되기 때문이다. 그 사람을 만나서 좋았던 것과 아쉬웠던 것을 모두 적는다. 이때 개인과 가족에 관한 내용을 구분해서 적어 놓으면 좋다. 나중에 다시 한번 정리한다는 생각으로 일시적인 메모는 변동 사항으로 따로 작성해 둔다. 새로운 소식이 있어서 과거 내용을 업데이트할 때도 전에 해 두었던 메모를 삭제하지 않는다. 히스토리를 관리하는 것이다.

정신건강의학과 전문의인 전미경 작가는 '멘탈이 강한 사람들은 믿는 구석이 있다'라고 했다. 그중의 하나가 바로 '의미 있는 타인'이다. 조건과 능력보다는 존재 자체를 환영해 주고 기쁨과 슬픔을 함께해주는 사람이다. 부모를 포함한 가족이 의미 있는 타인이 될 수도 있지만, 연인, 배우자, 멘토 등 또 다른 인연을 의미 있게 만들 수도 있다. 하지만 믿는 구석이 그냥 만들어지는 것은 아니다. 노력이 필요하다. 지금 사용하는 디지털 도구에 노트를 만들고 떠오르는 이름을 적어보자. 얼마만큼 알고 있는지 그 사람에 대해 입력해 보자. 다음에 만나면 궁금한 것을 물어보고 새롭게 알게 된 것을 추가해 두자. 그렇게 의미는 만들어진다.

▶ 배움 노트

〈히어로즈〉라는 미국 드라마가 있다. 디즈니플러스에서 공개되었던 한국 드라마 〈무빙〉과 비슷한 초능력자 이야기이다. 강철 신체, 시간 이동, 공중 비행, 미래 예측 등 다양한 초능력 중에서도 주인공과 빌런의 능력이 가장 놀랍다. 다른 초능력자들의 능력을 복제하고 흡수한다.

유통 직무를 수행할 때 영업에서 활약하던 멋진 선배들이 많았다. 그중에는 실력은 뛰어났지만, 후배들에게 냉담한 태도를 보이는 선배들이 있었다. 나는 당시 그들과 맞지 않다는 이유로 그들을 멀리하고 좋아하는 선배들하고만 함께 일하려고 했다. 조직에서 맘에 들지 않는 사람이 있으면 배울 점이 있어도 다가가지 않는 경우가 있다. 감정적으로 상대가 싫으면 실력까지 무시하기 쉽다.

시간이 흘러 깨달은 것은 내가 실력 있는 선배들의 노하우를 배울 수 있었는데, 그 기회를 스스로 걷어찼다는 것이다. 감정에 치우친 판단으로 가장 크게 손해를 본 사람은 나였다. 마음은 다른 사람의 능력을 배우는데 가장 큰 걸림돌이 되기도 한다. 누군가의 능력을 복제할 때는 굳이 태도와 마음, 자신과의 상성 등을 따지지 말자. 배움의 기회가 있다면 놓치지 않아야 한다.

제4장

나만의 콘텐츠가 되는
기록의 기적

1

디지털 창고 정리

쓸모를 만드는 자료 정리

간혹 교육에 참여하면 이런 말을 하는 강사들이 있다. "여러분, 강의 내용 마음껏 사진 찍으세요. 어차피 안 볼 테니까." 교육생들도 대부분 동의한다며 웃는다. '이거 쓸모 있겠는데!'라는 생각이 들면 메모하고 사진 찍고 영상으로 촬영하여 그 순간을 붙잡으려고 노력하는 사람들이 꽤 많지만, 붙잡았던 것을 다시 보면서 정리하여 활용하는 사람들은 그리 많지 않다. 심지어 까맣게 잊고 있다가 한참 시간이 흘러 스마트폰을 바꾸기 위해 사진을 정리하다가 '어! 이건 무슨 사진이었더라' 하는 경우도 많다. 여러분들도 비슷한 경험이 있을 것이다. 이렇게 쓸모를 느끼지 못하면 순간을 붙잡으려는 노력도 그만두게 된다. 도구 사용이 잘못되어서, 생산성이 떨어져서, 활용하지 않아서, 기록과 수집이 도움이 된다는 것을 알면서도 그것을 그만둘 위기는 계속 찾아온다.

디지털 도구를 활용하여 콘텐츠 창고를 운영할 때 반드시 해야 할 작업은 정기적인 정리 작업이다. 수집이 어느 정도 진행되면 반드시 격주에 한 번, 아니면 최소한 한 달에 한 번, 정기적인 정리가 필요하다. 그 이상 창고에 물건을 계속 쌓아두면 찾기가 어렵고 무엇을 가졌는지도 알 수 없다. 이동할 때 모바일로 간단하게 했던 기록들, 스크랩된 기사와 칼럼들, 서점에서 우연히 만난 좋은 책의 글귀를 찍은 사진들, 조직에서 유명한 강사를 초대해서 들었던 강의들, 이 과정에서 얻은 인사이트 메모들. 앞서 언급했던 경험의 연속성으로 볼 때 이 모든 것들은 그냥 두면 아무 쓸모 없는 자료일 뿐이다. 붙잡아 둔 자료들을 살피며 정리하고 궁리하는 시간을 가져야 새로운 영감이 떠오르고 앞으로 들어올 자료들과 결합이 된다.

정리는 가볍고 유연하게

완벽한 창고 정리를 위해 처음부터 카테고리와 주제를 정하려는 노력을 하지 않아도 된다. 행복한 타임머신과 만다라트 작성을 통해서 처음부터 깔끔하게 쌓이는 분야도 있지만, 쌓다 보니 주제가 큐레이션되고 해당 분야에 관심이 있다는 것을 깨닫기도 한다. 10년을 넘게 창고 정리를 해도 어느 한 곳에 분류가 되지 않은 것들도 많다. 그런 것은 그냥 두어도 좋다. 가볍게 시작하고 유연성도 유지한다. 특정한 주제는 처음부터 의도적으로 시작하기도 하고, 때때로 보이는 흥미로운 내용도 수집해 보자. 어느 날

전혀 관계없어 보이는 정보가 서로 연결되기도 한다.

결국, 창고 정리는 세 가지를 목적으로 한다. 첫째, 필요할 때 원하는 기록을 찾기 쉽도록 정리하기 위해. 둘째, 정리하는 과정에서 관심 주제를 우연히 만나기 위해. 셋째, 기록을 정리하면서 떠오르는 생각을 정리하고 사고의 영역을 확장하기 위해.

창고를 정리하는 과정에서 유사한 내용들이 있다면 찾기 쉬운 독특한 단어나 표기를 제목에 추가하자. 나중에 쉽게 검색하여 떠올렸던 생각들만 묶을 수 있다. 그렇게 자신의 콘텐츠가 만들어지는 것이다.

▶ 일요일 아침 커피챗

커피챗은 이직 시장에서 많이 사용되는 커피와 챗의 합성어이다. 말 그대로 궁금한 기업, 업계, 직무에 소속된 사람을 만나 부담 없이 커피 한잔하면서 커리어 경험을 공유하는 정보형 미팅이다. 나는 매주 일요일 아이들과 커피챗을 하고 있다. 각자 일주일 동안 배우고 기록한 내용을 정리한다. 내가 파워포인트, 노션 등의 기능을 아이들에게 소개하기도 하고, 아이들은 학교에서 배운 내용을 내게 알려주기도 한다. 때로는 아이돌 그룹에 관한 이야기를 내게 전하기도 한다. 아이들이 일정이 있어서 함께하지 못할 때도 가능하면 그 시간만큼은 홀로 카페로 향한다. 내게는 이 시간이 지난 일주일간의 기록을 살피고 연결하는 귀한 시간이기 때문이다.

자기계발 계획을 세울 때 독서 시간이나 칼럼을 읽는 개수를 정하는 사람들은 많지만, 콘텐츠 창고를 청소하고 정리하는 시간을 별도로 정하는 사람들은 많지 않다. 내게도 가장 어려웠던 부분이 기록하고 스크랩한 내용을 꾸준히 정리하는 것이었다. 기록을 정리한다는 것은 중요하면서도 어려운 일이다. 따로 시간을 내서 규칙적으로 해야 하는 일인데도 좀처럼 하기 어렵다. 이럴 때는 시간과 장소를 정하는 것만으로도 일종의 리추얼처럼 꾸준히 할 수 있는 효과가 있다. 좋아하는 커피나 티, 음악 등을 준비하는 것도 좋은 방법이다.

　정리하는 시간의 농도가 진할수록 변화와 부가가치의 가능성도 커진다. 물론 마음이 급해서 속도와 분량에 집착할 때도 있다. 하지만 변화를 끌어내는 핵심은 정리하는 시간과 함께 고민하고 피드백하는 시간이다. 한 주 또는 지난 2주간 스크랩하고 메모했던 내용을 정리하는 시간을 가져보자. 검색하기 쉽게 묶어 보기도 하고 다시 읽어보면서 스크랩했던 이유를 되새겨 보고 떠오르는 생각을 메모하자. 이유를 알 수 없는 스크랩과 기록은 과감히 삭제하거나 따로 모아둔다. 창고 정리는 여러분의 경험과 기록을 쓸모 있게 만들어 주는 의미 있는 시간이 될 것이다.

▶ 구글 포토

　'나는 그래도 손으로 하는 메모를 고집하겠어'라고 생각하는 사람들은 꼭 사진이라도 찍어서 구글 포토와 연결해 두면 필요할 때 쉽게 손 메모를 검색해서 찾을 수가 있다. 이때 앞서 소개했던 'Vflat'을 활용하면 좀 더 깨끗한 사진을 남길 수 있다. 또한 '새 앨범'을 추가해서 기간이나 목적을 기준으로 분리 관리할 수 있다. 도서관에서 우연히 좋은 책과 인연이 되어 기억하고 싶은 페이지를 사진으로 남길 때가 있다. 앨범명을 책 제목으로 만들고 사진을 넣은 후에 앨범 링크를 콘텐츠 창고에 붙여 놓자. 그리고 아래에 왜 이 사진을 찍게 되었는지 남겨 보자.

　구글 포토는 자동으로 추억을 다시 공유해주는 기능도 있다. 출근길에 갑자기 10여 년 전 아이가 태어난 날의 사진이 스마트폰에 팝업되기도 한다. 이러한 기능들은 책에서 읽거나 그냥 전해 들을 때는 별로 감흥이 없지만, 실제로 경험하면 이야기가 달라진다.

● 아빠가 찍은 딸 사진 ①

하버드대 행복 연구에서는 부정적인 감정보다 긍정적인 감정을 더 많이 경험하고 삶의 의미를 찾는 방법으로 '평범한 일상의 기록'을 제안한다. 평범한 일상은 기록할 당시에는 별다른 의미가 없지만, 시간이 지난 다음에 살펴보면 달라진다. 반대로 특별하게 생각하고 기록했던 내용에 대해서는 시간이 지나도 별다른 차이가 없었다. 오히려 평범한 일상이 다시 봤을 때 행복감을 느끼게 해준다는 것이다. 하지만 사람들은 현재 느끼는 감정을 기준으로 미래를 예측하는 오류에 빠지는 경우가 많다. 그래서 일상의 기록을 소홀히 하는 것 같다.

관심이 있거나 소중하게 생각하는 것을 규칙적으로 촬영해 보자. 어느 날 갑자기 사진 주인공의 변화나 비슷한 사진을 묶어서 구글 포토가 여러분에게 보내 준다. 중학생 자녀의 사진이 태어난 날부터 지난주까지 정리되어 영상으로 만들어져 음악과 함께 도착한다. 10년 전 오늘이라며 보내주는 사진 속에서 때로는 초심을 발견하기도 하고, 오랜만에 그때 함께했던 사람들에게 연락해 안부를 묻기도 한다. 아침에 다퉜던 가족에게 먼저 전화해서 조건 없는 사과를 하는 기적을 경험하기도 한다. 더 행복해지고 싶다면 일상의 기록을 남겨두자. 평범한 현재의 기록이 미래의 자신에게 보내는 선물이 될 수 있다.

● **아빠가 찍은 딸 사진 ②**

▶ 제목 검색

다양한 단어를 포함하고 있는 기사를 많이 스크랩하면 사용하는 도구 안에서 검색의 질이 떨어진다. 그래서 평소에 자신만이 알 수 있는 단어를 정해서 제목을 붙여 두면 찾기가 쉬워진다. 예를 들어, 조직문화 관련 기획 기사를 스크랩한 후 정리할 때 '조문개(조직문화개선)'라는 단어를 기사 앞에 붙여 두면 검색이 훨씬 쉬워진다. 책을 읽고 써둔 글에는 '독후(독서 후기)'라고 붙여 둔다. 폴더나 태그를 다는 것보다 깊이 고민하지 말고 특이한 단어를 제목에 붙여 두는 것이 분류할 때나 찾을 때 시간이 절약된다. 다만, 특이한 단어이다 보니 오랜만에 찾으려면 기억이 나지 않을 때도 있다. 따로 검색 용어 페이지를 하나 만들어서 자신이 만든 특이한 단어를 메모하고 해석을 옆에 붙여 두자.

후츠파	변화 혁신 사례 관련 기획 기사
예윤	예서와 윤서 이야기
강모	들었던 강의의 메모와 생각 정리

이 방법은 내가 지금도 검색과 분류에서 가장 많이 사용하는 노하우이며, 콘텐츠 창고의 정보량이 많아질수록 효과를 발휘하는 방법이다.

▶️ 글똥누기

특정 플랫폼에서 글을 작성할 때, 나의 글을 구독하던 선배가 이런 이야기를 한 적이 있다. "어떻게 글에 딱 맞는 문장들을 인용하는 거야? 글을 쓰면서 찾는 거야? 아니면 문장에서 글의 영감을 받는 거야?"

나의 노하우를 소재하자면, 스크랩 기사를 정리하는 방식과 유사하다. 전자책 하이라이트 기능으로 문장을 발췌했다면, 역시 정리하는 시간이 별도로 필요하다. 다산 정약용도 '글의 깊은 뜻을 알지 못하고 읽기만 잘하는 도능독徒能讀은 남는 것이 없다'라고 했다. 글을 따져보고 생각나는 것을 메모할 때 비로소 소득이 있다. 발췌한 문장을 읽어보고 어디에 사용할 수 있을지 미리 고민하고 키워드를 남겨 보자. 생각을 더 할 수 있으면 당연히 좋지만, 그렇지 못할 때도 부담을 느낄 필요가 없다. 그냥 가벼운 마음으로 '이건 이럴 때 사용할 수 있겠군', '이런 일을 담당하게 되면 쓸모가 있겠어' 등을 남기는 것부터 시작하자. 발췌된 문장이 자신의 것이 되는 순간을 경험하게 된다.

2

힘 빼기의 기술

완벽함에는 끝이 없다

콘텐츠 창고에 메모가 1만 장이 넘어가고, 수년간의 사진이 쌓이면서 콘텐츠 창고 구조에 대한 고민이 생겼다. 교안 제작을 위한 자료와 PDF, PPT, 그림 파일 등이 끊임없이 증가하고 프로그램은 무거워졌다. 무엇인가를 검색하면 원하는 결과가 화면에 나오는 시간이 점점 지연되기 시작했다. 첫 번째 뇌처럼 바로 사용할 수 있는 기억 창고라며 '두 번째 뇌'라고 말했지만, 어느 순간 버퍼링이 걸리며 답답해졌다. 이렇게 내용이 많아지니 간단한 검색을 해도 결과물이 너무 많아 원하는 내용을 찾는 것이 또 다른 숙제가 되었다.

당시 다양한 디지털 도구를 사용하는 사람들과 만나면서 노하우를 주고받았다. 관련 모임에 참여하기도 하고 헤비 유저들과 1:1로 만나 어떻게 사용하는지에 대해 이야기도 나눴다. 마인드맵을 노션과 에버노트에 올려서 사용하는 기획자부터 노션 갤러리로 스타트업 홈페이지를 만들고 직원들과 협업하는 사업가, 자신이 만든 콘텐츠를 소비하는 구독자들을 밴드로 관리하는 프리랜서, 슬랙으로 회원들을 유입시켜 새로운 서비스를 구상하는 크리에이터까지 도구의 다양성처럼 활용과 스타일도 제각각이었다. 나도 내가 가진 노하우를 공유하면서 고민하고 있는 부분을 고수들에게 털어놓았다. 그때 내 고민을 듣던 분이 웃으며 이런 말을 했다.

"디지털 도구가 너무 진지하네요."

매사에 쓸모만 찾다 보니 위계질서에 집착하고 재미 요소가 부족한 게 아니냐는 말이었다. 쓸모를 위해 도구를 사용한다고 생각했던 나는 당시만 해도 그의 말을 정확히 이해하지 못했다. 이해가 가지 않는다는 표정으로 바라봤더니 그는 조심스럽게 조언을 더했다.

"매사에 대충하는 습관이 필요할 것 같아요. 애쓰고 노력하고 완벽하게 하려는 자세가 도리어 일을 방해한답니다. 꼼꼼하게 다이어리를 쓰듯 디지털 도구를 그렇게 학대하지 마세요."

내가 입사했을 때 들었던 성공학과 다이어리 작성법 수업에서는 연간, 월간, 주간의 목표를 설정하고, 시간별로 TO DO를 작성하고, 무엇을 했는지 기록하라고 배웠다. 그 외에도 적어야 할 게 많은 사람들은 다이어리를 빽빽하게 글자로 채우고, 펀치로 구멍을 뚫어 중간에 간지까지 추가했다. 그야말로 다이어리 쓰기의 고수였다. 일명 다꾸(다이어리 꾸미기) 습관은 고스란히 나의 디지털 도구에도 전해졌다.

그런데 내게 조언을 한 그는 디지털 도구를 대충 사용하고 있었다. 필요할 때만 메모나 스크랩을 하고 빨리 찾는 것을 우선으로 사용한다고 했다. PC 스티커 메모를 원노트에 연결하여 사용하기도 하고, 아이폰 굿노트앱으로 그림을 그리기도 했다. 두 번째 뇌만 있는 것이 아니라 세 번째, 네 번째도 있는 느낌이었다.

어수선해서 정리가 안 될 것 같다는 나의 피드백에 그는 왜 반드시 깔끔하게 정리를 해야 하는지 반문했다. 다이어리처럼 제한된 지면도 아니고 무한한 공간에 자료를 넣고 있는데 무엇을 그리 걱정하냐는 것이다. 정리는 적당히 하고 필요할 때 '어디 있나?' 하며 검색해서 사용하면 된다는 것이다. 다이어리에 오리고 붙이고 라벨링 하듯이 사용할 필요가 없다고 강조했다.

당시 에버노트의 노트가 1만 2,000여 개를 넘었던 나는 대대적으로 슬림화 작업을 진행했다. 시간 투자를 최소화하기 위해 이미지와 파일이 포함되어 있는 노트만 검색해서 이미지는 구글 포토로, 파일은 원드라이브로 이동시켰다. 하루에 모든 작업을 끝내려고 하지도 않았다. 깔끔한 걸 좋아하는 내가 정리되지 않은 상태에 익숙해지도록 천천히 이동을 진행했다. 나중에 그 방법이 '홍수 기법'이라는 사실을 알게 되었다. 결벽증 치료가 안 될 때는 적당한 혼란에 자주 노출을 시켜 점진적으로 괜찮다는 것을 인식하게 하는 방법이다.

7,000여 개로 줄어든 나의 노트는 드디어 다시 두 번째 뇌로 활용할 수 있었다. 그리고 얼마 후 노션이 등장하면서 또다시 한번 노트는 분리되었

다. 그사이 기록하는 방법도 많이 달라졌다. 다이어리 꾸미기에 익숙했던 나는 디지털 도구에서도 다이어리와 유사한 템플릿을 찾거나 만들던 습관이 있었는데, 시간이 갈수록 아무것도 없거나 표 정도만 사용하게 되었다. 그렇게 사용해도 불편함이 전혀 없었다. 그제야 알게 됐다. 내가 지금까지 실제로 생산성에 영향을 주지도 않는 외형에만 힘을 잔뜩 주고 있었던 것을. 그래서 나는 노션 강의할 때 항상 이런 이야기를 한다.

"함께 사용하거나 공유하는 페이지가 아니면 커버와 아이콘 이미지는 최소화하시라."

당시의 인연은 도구 자체의 사용법과 더불어 도구 사용의 관점과 철학에 대해 고민할 수 있는 시간이었다. 어떤 일을 할 때 '힘을 빼라'는 조언을 쉽게 주고받지만, 실행은 쉬운 일이 아니다. 나는 지금도 누군가와 사진을 찍으면 얼굴이 굳어지곤 한다. 화나는 일도 걱정도 없는데 카메라가 등장하면 저절로 멈칫한다. 제발 좀 웃으라는 주위의 말에 애써 웃어보려 하면 얼굴은 더 굳어진다.

경험이 힘을 뺀다

어떻게 하면 힘을 뺄 수 있을까? 힘이란 이미 충분히 많이 경험하여 능숙해졌을 때 자연스럽게 빠진다. 겨울철 스키장에 가면 이런 이야기가 사방에서 들린다.

"무릎에 힘 빼세요. 힘 좀 빼세요."

아무리 말해도 쉽지 않다. 힘을 빼려면 힘을 힘껏 주고 연습했던 시간이 필요하기 때문이다. 힘을 빼려는 의식적인 노력보다는 슬로프에 계속 올라가는 것이 더 효과적일 수 있다. 나도 강의 때마다 너무 떨려서 강의하는 것을 포기하려 했던 적이 한두 번이 아니다. 그런데 상사의 "하기로 했던 것까지만 하자"라는 말에 계속하다 보니 자연스럽게 힘이 조금씩 빠지기 시작했고 떨림이 줄어들었다. 모든 자료를 한곳에 넣어 PC가 멈추고, 예쁘게 만들었지만, 수년 동안 특별한 활용 없이 혼자 보는 페이지를 만드는 과정이 지나고 나서야 비로소 어디에 힘을 주고 빼야 하는지 알게 된다.

코로나19 사태 이후 비대면 교육이 활성화되면서 교육 콘텐츠를 영상으로 촬영할 때가 많아졌다. 누군가 "이 영상은 전국에 있는 직원들이 볼 영상이야"라며 완성도를 강조하면 그날은 이상하게 말이 더 꼬였다. "몇 명이나 보겠어요. 편하게 찍고 어서 끝내시죠"라는 말을 들으면 좀 더 편하게 시작할 수 있었다.

한 번은 어느 대학교에서 '문제해결과 논리적인 보고서'에 대해 강의 촬영을 할 때였다. 이 분야에서 꽤 오래 일했다는 PD는 자연스럽게 본인의 회사 경험을 이야기하면서 내게 요즘 회사들은 보고서를 어떻게 작성하냐고 호기심 어린 눈빛으로 물었다. 그리고 본인은 요즘 이러이러한 고민을 하고 있는데, 오늘 이야기하려는 문제해결 방법을 적용하면 어떻겠냐고 물었다. 자녀, 날씨, 부동산 등의 스몰토크를 한참 하던 그는 시작할 시간이 되자 이렇게 말했다.

"방금 말씀하셨던 부분을 다시 이야기하시면서, 오늘 교육하려고 했던 내용으로 천천히 가보시죠. 어차피 저희가 편집하니까 걱정하지 마세요. 생각이 안 나서 잠시 하늘을 보셔도 눈동자까지 방향을 맞출 수 있습니다."

다 된다는데 두려울 게 없었다. 촬영 전에 PD와 하던 이야기를 그냥 계속하니 준비했던 내용이 술술 나왔다. 그렇게 경험 많은 사람들의 도움으로 낯을 가리는 나도 어렵지 않게 촬영을 잘 마칠 수 있었다. 아마도 그 PD는 내가 처음 보는 사람들, 낯선 장소에서 힘이 잔뜩 들어가 있는 것을 느꼈을 것이다. 마치 무협 영화에서 멋진 무공을 보여주고 싶어서 힘이 잔뜩 들어가 있는 제자의 어깨에 가볍게 손을 얹어서 안정시키는 장면과도 같았다. 나도 언젠가 다른 누군가에게 그런 존재가 될 수 있으면 좋겠다.

▶ 멈추고 제거하기

새로운 디지털 도구를 사용하면 또 힘이 잔뜩 들어간다. 뭔가 변화도 주고 싶고, 새로운 기능을 계속 익히고 싶다. 노션에 코드를 사용해서 다양한 템플릿을 만들 수 있다는 강의를 듣게 되면 더 걷잡을 수 없이 실행하고 싶어진다. 배운 것은 바로 적용해 봐야 한다는 자기계발 서적에서 읽은 내용을 적용하기 위해 대상을 찾는다.

이렇듯 잔뜩 들어간 힘을 빼기 위해서는 해왔던 일들을 잠시 멈추는 것 외에는 특별한 방법이 없다. 하지 않는 데도 큰 불편함이나 변화가 없다면 해왔던 일들의 의미를 다시 생각해 볼 필요가 있다. 예전에 유통 직무에서 일을 할 때 한 선배와 이런 대화를 한 적이 있다.

"우리 모두가 6개월 동안 휴가를 다녀오면 큰 문제가 생길까?"

"별다른 문제가 없다면 저희는 어떻게 되는 겁니까?"

"매니저들이 없는데도 실적이 그대로 이거나 심지어 증가한다면?"

"그럴 수도 있을 것 같으니 하던 대로 하시죠."

"역시 변화는 어렵군."

때때로 우리가 하고 있는 일들이 과연 필요해서 하는 일인지, 습관처럼 무의식적으로 잔뜩 힘을 주고 있는 것은 아닌지, 당연하다고 생각되는 그 어떤 관행 때문에 지속되는 것은 아닌지 생각해 볼 필요가 있다.

7년여 동안 에버노트를 사용해 온 K는 배움을 즐긴다며 오랜만에 개설한 생산성 워크숍에 참여했다. 나는 고수들은 배우실 게 없을 거라며 기능적인 이야기보다는 도구를 사용하는 철학과 변화로 연결하는 과정을 이야기했다. K는 도구 활용의 새로운 세계를 봤다고 했다. 그도 나와 비슷하게 회사에서 오랜 기간 트레이닝을 받은 사람이었다. 성실할수록 가지고 있는 규칙과 프레임이 많다. 돌아보고 버릴 것은 버리자. 매여 있을 필요가 없다.

▶ 고수들의 노하우 배우기

나는 디지털 도구를 효과적으로 활용하는 고수들을 찾아 그들의 노하우를 흡수하고 싶어 했다. 물론 열심히 배워서 성과를 본 것도 있고, 그렇지 못한 사례도 있다. 직업이 다르거나 나의 필요에 따라서 선택받지 못한 사례도 있었다. 이미 다른 도구를 사용하고 있어서 적용하지 않은 것도 있다.

다양한 사례를 보고 익히는 것은 힘을 빼고 나만의 활용 스타일을 만들어가는 것에 도움이 된다. 여기에 실제 사용자들의 사례를 몇 가지 소개한다.

에버노트로 아이들의 글쓰기를 수집하는 선생님

제자들의 글쓰기를 수년간 수집해 온 초등학교 선생님. 내가 아이들과 함께 짧은 글쓰기를 시작하게 된 계기를 만들어 준 분이다. 초등학교에는 '글똥누기'라는 수업이 있다고 한다. '글쓰기'와 '똥 누기'를 더한 말인데, 말 그대로 똥을 누고 싶을 때 똥을 누는 것처럼 말하고 싶을 때 하고 싶은 대로 글을 쓰는 것이다. 이것을 수년간 수집해 온 선생님은 돌아가신 이오덕 선생님의 책에서 아이디어를 얻었다고 했다.

처음 이분의 수집 노트를 보고 아이들 교육에 관심이 있던 나는 강한 동기부여를 받았다. 하지만 바로 적용하기가 쉽지 않았다. 갑자기 아이들에게 글을 써보자고 하면 어려워한다. 나이에 맞는 독해 지문과 글쓰기 사례들이 동시에 제공이 되어야 벤치마킹해서 글을 쓰기 시작한다. 이오덕 선생님의 책 등을 포함한 관련 서적을 구매해서 함께 읽는 것도 좋다.

노션을 활용해 영업하는 공인중개사

자신이 관리하는 모든 매물을 노션으로 공유하는 공인중개사가 있었다. 처음엔 그도 다른 공인중개사들처럼 단순하게 고객에게 매물 사진을 보내는 방법으로 영업을 했다. 그러다가 규모가 있는 공인중개사의 홈페이지 운영을 보고 자신의 영업 방식을 돌아보게 되었다고 한다.

그때부터 그는 노션을 활용하기 시작했다. 고객들에게 매물에 대한 문의가 오면 간단한 링크로 해당 부동산을 소개한다. bit.ly(https://bitly.com)로 노션 링크도 간단하게 줄여서 고객이 인식하기 편한 주소로 변경한다. 노션 갤러리로 매물을 올리고 고객들이 보기 좋게 관련 정보를 제공한다. 문의부터 계약까지 필요한 서류와 주의사항도 별도의 페이지로 알려준다. 또한, 하루에도 많은 고객을 만나는 그는 고객이 가고 나면 문의했던 내용과 인적사항을 정리한다. 보고 갔던 물건도 데이터베이스로 연결해 두고, 고민하던 고객이 다시 찾아오면 마지막 진행 상황을 이야기하여 신뢰를 얻는다. 전세나 월세 만기는 알림을 설정해 두고 2년이 지나면 미리 연락해서 고객 이탈을 최대한 방지하고 있다. 영업 직무에 있는 사람들이 참고하면 도움이 될 만한 내용이다.

다른 사람의 지식을 내 것으로 만드는 지식 생산자

다른 사람의 블로그에서 힌트를 얻는 지식 생산자가 있다. 그는 '인터비즈(https://blog.naver.com/businessinsight)', '테크플러스(https://blog.naver.com/tech-plus)', '티타임즈(https://www.ttimes.co.kr/)'와 같은 양질의 콘텐츠를 수집하여 본인의 글이나 강의에 적용을 한다. 대부분의 디지털 도구는 링크만 스크랩이 되기 때문에 본인이 원하는 부분만 발췌하기가 어렵다. 예를 들어 네이버 블로그는 오른쪽 마우스가 작동되지 않는다. 이때 주소창의 blog 앞에 'm.'을 붙여 준다. 이렇게 하면 모바일 형식으로 바뀌기 때문에 노션이나 에버노트를 활용하면 문장이나 부분 스크랩이 가능해진다.

유튜브 영상도 가능하면 90초 이내로 활용하기 위해 별도의 방법으로 내려받아 활용한다. 하늘 아래 새로운 것이 없다고 했다. 다양한 콘텐츠를 통합하는 그는 주위에서 창의적인 크리에이터라는 이야기를 많이 듣는다.

풍부한 최신 내용으로 콘텐츠가 계속 업데이트되는 그의 강의는 많은 기업과 공공기관에서 즐겨 찾는 교육 과정이다.

구글 캘린더를 비서로 고용한 사업가

노션이나 에버노트 없이 구글 캘린더와 할 일 관리만으로 충분하다는 사업가가 있다. 컴퓨터에 익숙하지 않기 때문에 기본에 충실한 검색과 PC-모바일 동기화에 집중한다. 구글 캘린더에 대부분의 것을 기록하고 일기도 작성해 둔다. Tasks 애플리케이션을 설치하여 todo와 메모도 함께 관리한다. 탁월한 검색과 알림 기능으로 복잡해 보이는 도구를 사용하지 않아도 고객관리, 사업관리 등이 가능하다. 때가 되면 알려주는 캘린더를 개인 비서처럼 활용한다.

구글 캘린더는 알림 기능이 탁월하고 색상별로 일정과 과업을 구분할 수 있다. 자피어나 노션 캘린더 등에서도 느낄 수 있지만, 새로운 도구가 출시되면 국내 서비스인 네이버나 카카오와 연동이 되는 서비스는 거의 없다. 자피어도 카카오톡을 활용하려면 솔라피를 거쳐야 한다. 반면 ChatGPT를 포함한 많은 서비스가 로그인부터 Add-on까지 대부분 구글을 활용한다. 구글 캘린더와 드라이브 등을 포함한 구글 앱스를 적극적으로 활용하길 바란다.

클로바 노트로 회의의 질을 업그레이드 한 직장인

상사의 워딩을 그대로 사용하는 프로 직장인이 있다. 상사의 단어와 조직에서 자주 사용되는 용어는 직장생활에서 중요한 역할을 한다. 논리적인 보고서도 단어 몇 개를 잘못 쓰면 읽기도 전에 부정적인 이미지를 심어줘서 좋은 피드백을 받지 못하는 경우가 있다. 그래서 회의 시간에 언급된 내용을 놓치지 않고 기록하거나 회의록 작성을 위해 클로바 노트를 사용한다.

클로바 노트의 장점은 PC로 녹음이 가능하기 때문에 회의 시간에 핸드폰 등 모바일 기기를 체크하는 모습을 보임으로써 사람들에게 집중하고 있지 않다는 오해를 불러일으키지 않아도 된다. 더욱이 녹음된 대화 내용은 자동으로 텍스트화된다. 즉시 동기화가 가능하므로 회의 종료 후 이동하면서 내용을 다시 확인할 수도 있다. 회의가 길어지면 중요한 순간을 표시할 수 있는 북마크 기능을 활용하면 좋다. 녹음하는 과정에서 떠오르는 내용이나 필요한 사항을 메모하면 대화 내용에 맞춰 같은 시점에 기록되기 때문에 현장감을 고스란히 남겨 놓을 수 있다.

그는 더 이상 회의록을 작성하기 위해서 몇 시간씩 투자하는 수고를 하지 않아도 된다고 했다.

● 클로바 노트 프로그램 화면

3

축적의 원동력

활용해야 쌓고 싶다

콘텐츠 창고의 확장을 지속하려면 창고의 내용으로 완성된 콘텐츠, 즉 쓸모를 만들어야 한다. 업무 기록으로 창고가 풍성해졌다면, 보고서를 작성할 때 예전보다 편안함이 있어야 한다. 작성했던 보고서가 자신의 콘텐츠가 되고, 완성된 보고서의 수가 누적될수록 새로운 보고서를 작성하는 시간도 줄어들고 품질도 좋아진다. 점점 자신의 콘텐츠가 쌓이고 노하우의 영역이 확장되는 것이다. 마찬가지로 가족의 기록이 쌓였다면, 그것을 공유하고 나누면서 행복의 리추얼이 경험되어야 한다. 1년, 5년, 10년의 기억들이 쌓이면서 이 또한 콘텐츠가 된다. 창고에 있는 재료들이 하나둘씩 책이 되거나 강연이 되는 등 다양한 사이드 프로젝트로 확장이 되는 경우도 있다.

재료가 창고에 쌓이기만 하는 것이 아니라 정리되고 관련된 영감이 함께 누적되면서 하나의 완성된 콘텐츠로 만들어지기 시작한다. 이 과정이 결코 쉽지 않기 때문에 재료는 쌓이지만, 콘텐츠라고 명명할 만한 것을 만들기 어려울 때도 있다. 그래서 콘텐츠 만들기를 심리적으로 피하고 재료 쌓기에만 집중하기도 한다. 그렇게 재료만 쌓다 보면 어느 순간 현타(현실자각타임)가 와서 그나마 하던 기록과 수집도 그만두게 되는 경우도 있다. 재료를 지속해서 사용하고 활용하는 환경을 만드는 것은 도구 사용과 콘텐츠 축적을 계속할 수 있는 원동력이 된다.

축적의 효과를 극대화하는 방법

콘텐츠 축적을 위한 가장 좋은 방법은 쌓였던 재료를 정리하여 누군가 앞에서 발표하거나 강의하는 것이다. 누군가에게 전달하기 위해서 정리하는 과정은 홀로 정리하는 것과는 완전히 다르다. 한 번 읽을 자료도 여러 차례 읽게 되고 모르는 내용이 있으면 샅샅이 조사하게 되는 효과가 있다. 또한, 청중에게 내용을 효과적으로 전달하기 위해서 구조화도 하고 스토리텔링도 한다. 배움과 성장이 달라진다는 의미이다.

하지만 주위를 돌아보면 발표와 강의처럼 대중 앞에서 이야기하는 기회를 피하는 사람들이 꽤 많다. 남들 앞에서 말하기도 쉽지 않은데 창피를 당하거나 결과가 좋지 못할까 봐 두려워하는 것은 당연하다. 나도 처음 회사 생활을 시작했을 때 발표력이 심각하게 좋지 못해서 보다 못한 선배가 외부 강의를 보내주기도 하고, 개별 지도까지 하면서 남들 앞에서 말하는 기회의 중요성을 깨닫게 해주었다. 그들의 감사한 배려가 없었다면 꽤 오랜 기간 발표나 강의 기회를 피하며 성장하지 못한 채 머물러 있었을 것이다.

● **러닝 피라미드**

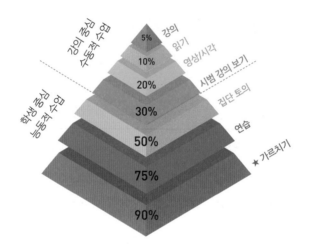

발표를 몇 번만 해봐도 '이것은 기회'라는 것을 깨달을 수 있다. 발표를 준비하는 과정에서 발표 주제를 깊이 공부하고 이해하려 노력한다. 그것은 고스란히 발표자의 내공이 되는 것이다. 교육학의 러닝 피라미드에서도 알 수 있듯 학습 효과가 가장 높은 방법은 'Teach Others', 즉 남들을 가르치는 것이다.

누군가를 가르칠 때 말하는 시간이 길지 않더라도 준비하는 시간은 그보다 훨씬 길다. 그렇게 준비해서 사람들에게 전달한 내용은 기억에도 오래 남는다. 말하는 과정에서 느꼈던 자신의 감정, 사람들의 반응, 현장의 느낌까지 고스란히 쉽게 잊혀지지 않는 장기 기억이 된다. 반면 학창 시절의 학교 수업은 가장 낮은 학습 효과를 보여준다.

한 번 생각해 보자. 여러분은 지난 1년 동안 대중 앞에서 말할 기회가 몇 번이나 있었는가.

발표의 기회가 왔을 때 절대 피하면 안 된다. "다음 발표(강의)는 제가 하겠습니다!" 이렇게 먼저 나서는 한이 있더라도 기회가 있으면 뒤로 빼지 말고 기회를 잡아야 한다. 본인에게는 그 내용을 잘 알게 되는 기회이기도 하고 자신만의 콘텐츠가 새롭게 만들어지는 계기이기도 하다. 피하지 말고 자신이 하겠다고 나서 보자. 물론 발표 전날이 되면 '내가 왜 발표하겠다고 나섰을까'라는 후회를 하기도 한다. 하지만 발표가 끝나면 자신의 손에 새로운 콘텐츠가 들려 있고, 관련 내용이 체화되었음을 진하게 느낄 수 있을 것이다. 자기계발을 하고 싶은데 실행이 어려운 사람들은 원하는 주제를 발표하게 되는 상황에 자신을 놓아보는 것도 좋은 방법이다.

강의는 발표보다 조금 더 Teach Others에 가깝다. 누군가가 가지고 있는 것을 강의를 통해 공유해달라는 요청이 있을 때도 피하면 안 된다. '강의 PPT가 없어서', '강의 자료를 언제 또 만들어' 이런 생각으로 피하면 또 한 번의 좋은 기회를 놓치게 된다. 이상하게도 강의 PPT는 강의를 수락하지 않으면 절대 완성되지 않는 마법에 걸려 있다. '강의안이 만들어진 다음에 강의해야지'라고 생각하면 평생 강의를 시작할 수 없을지도 모른다.

강의를 수락하면 이상하게 또 다른 마법이 시작된다. 분명 시간이 없었는데도 강의 당일이 되면 무엇인가 만들어져 있고, 그것을 들고 사람들 앞에서 말하고 있는 자신을 발견할 수 있다. 기록으로 순간을 붙잡아두듯, 남들 앞에서 말하는 기회도 피하지 말고 붙잡아 두자. 기록, 수집, 결합, 콘텐츠, 성장, 이 모든 것은 연결되어 있다.

현재 소속된 직무나 조직에 따라서 발표나 강연의 기회를 얻기 어려울 수 있다. 그럴 때 좋은 것이 바로 모임 참여이다. '소모임', '트레바리' 등과 같은 모임 플랫폼 서비스를 활용하여 독서 모임 등에 참여하면 발표 기회를 쉽게 얻을 수 있다. 모르는 사람들이 불편할 때는 조직 내에서 모임을 만들 수도 있다(나는 사내보다 사외가 더 편했다. 자신의 취향에 따라 결정하면 된다). 독서 모임에서 발표자가 되면 혼자서 책을 읽고 필사하며 디지털 메모에 옮기는 것과는 또 다른 과정이 시작된다. 발표를 위한 자료를 만들기 위해 책에서 주제문을 뽑고, 관련된 문헌과 영상을 조사한다. 읽었던 내용을 다른 정보와 결합하기도 하고 본인의 생각을 추가하여 멋진 콘텐츠를 만들기도 한다.

한 달에 한 번 발표하게 되면 1년 동안 12개의 콘텐츠가 쌓이게 된다. 이보다 좋은 출발점이 있을까? 나는 독서 모임을 하다가 미술사 모임을 만든 적이 있다. 미술사와 그림에 관한 이야기를 나누고 함께 미술관에 갈 친구들을 만나기 위해 모임을 만들었다. 두꺼운 미술사 책을 몇 번이고 완독하려다가 10년이 지나도 미완의 프로젝트가 되어 포기하는 마음으로 모임이 시작되었다. 1년여의 기간 동안 르네상스부터 현대 미술까지 다양한 화가

들의 삶과 그림에 대해 학인들과 이야기를 나눴다. 각각 작품을 하나씩 선택하고 그 이유와 자기 생각을 나누는 과정에서 미술을 보는 관점을 고민할 수 있었다. 시간이 흘러 어느새 미술관에 가면 다른 이에게 그림을 설명하고 스토리텔링할 수 있는 수준까지 되었다. 예전에는 '아, 또 미술관이네, 그림이네' 하던 내가 이제 아르떼 미술관에 가면 조용히 구석에 앉아서 한참 동안 그림을 본다. 잘 모르면 모든 미술관이 그냥 미술관이 되지만, 자세히 알게 되면 그 하나하나의 미술관이 다르게 보이는 재미난 경험을 하게 된다. 그 경험은 자신만의 또 다른 콘텐츠와 스토리가 된다.

● 메타버스 플랫폼 게더타운에서 진행한 미술 모임

누구나 하나쯤은 가지고 있을 것이다. 매번 관련된 책을 사고 강의를 등록하지만, 꾸준히 못 했거나 완주하지 못했던 주제. 그리고 새해가 되면 다시 도전하고 또 도전했던 주제. 이제 가벼운 마음으로 관련 모임에 참여하거나 새로운 모임을 만들어 보자. 그리고 그곳에서 적극적으로 발표를 자원하자. 발표가 끝나면 콘텐츠가 축적되고 콘텐츠에 따라 어떤 재료들이 수집되었는지 보이기 시작한다. 앞으로 무엇을 수집하여 콘텐츠 창고에 쌓아야 할지 감을 잡게 된다. 그렇게 점점 여러분의 개인 프로젝트는 무르익게 될 것이다.

생각해 보기

지금 당장 10분 정도 사람들 앞에서 이야기할 기회가 생겼다.
어떤 주제를 이야기할 것인지 생각해 봅시다.
(ex. 강원도 여행지, 노년에 아들과 잘 지내는 법, 연금저축 투자법, 클라우드 펀딩, 도시양봉)

▶ 오피스 365

강의나 발표를 몇 번만 해도 파워포인트 파일이 늘어나기 시작한다. 준비하는 과정에서 조사했던 칼럼, 논문, 기사들을 담은 PDF도 많아진다. 그럴 때마다 내가 추천하는 클라우드 서비스는 원드라이브이다. 아이폰 유저는 드롭박스가 좋고, 구글 드라이브는 15G를 무료로 제공해 주니 좋다. 자신에게 편리한 것을 사용하면 된다. 목적은 날짜와 버전별로 자료를 잘 정리해서 원할 때 쉽게 찾아 업데이트하고 활용할 수 있으면 충분하다.

내가 원드라이브를 추천하는 이유는 오피스365 때문이다. 클라우드를 통해 다른 사람들과 다양한 작업을 하고 있다면 월 1~2만 원의 비용이 합리적일 수 있지만, 자주 사용하지 않는 사람들은 비용의 부담을 느낄 수 있다. 구글 드라이브는 웹 인터페이스가 훌륭하지만 윈도우 탐색기에서 사용할 수 없어서 약간의 불편함이 있다. 반면 원드라이브는 윈도우탐색기에서 사용할 수 있으며 비용적인 측면에서도 다양하게 접근할 수 있다. 여기에서는 파워포인트, 엑셀, 워드, 원드라이브를 모두 포함하고 있는 '오피스 365'를 기준으로 살펴보겠다.

오피스365를 사용하는 가장 좋은 방법은 역시 대학생 때 무료로 받았던 오피스365를 잘 사용하는 것이다. 대부분 대학교는 비싼 등록금을 받기 때문에 오피스365를 무료로 제공한다. 졸업하게 되면 파워포인트와 엑셀은 웹만 제공하는 경우도 있지만, 원드라이브 1TB는 그대로 제공하는 경우도 많다. 졸업한 지 수년이 지난 지금도 나는 여전히 학교에서 졸업생에게 제공하는 1TB 무료 공간을 사용하고 있다. 학교 정책에 따라 제공하는 기준과 혜택이 달라진다.

대학교 때 아예 계정을 사용하지 않았거나 아이디와 비밀번호를 잊어버린 사람들도 있다. 그럴 때는 대학이나 대학원에 재학 중인 가족, 친척, 동료의 도움을 받자. 오피스365 유료 계정은 하나로 5개의 PC에 설치할 수 있다. 대부분 자신의 노트북과 집에 있는 데스크탑 등에 설치하여 2~3개를 사용하거나 아예 사용하지 않는 학생들이 많다. 1대 정도 설치할 수 있는 여유는 쉽게 얻을 수 있다. 대학생 조카나 친척이 있다면 지금 당장 전화해 보자.

또 다른 방법은 초중고 학생에게 지급되는 오피스365이다. 좋은 IT 인프라를 가지고 있는 한국은 전국 교육청에서 초중고 학생들에게 오피스365를 무료로 제공하고 있다. 중학생과 초등학생 자녀가 있는 내가 수년간 사용하고 있는 방법이기도 하다. 서울시교육청을 예시로 보면 문의 전화가 많은지 위탁 업체에 바로 카카오톡을 보내라는 팝업 안내문이 보인다. 학생의 학교와 이름으로 문의를 하면 계정을 메일로 쉽게 받아서 인증할 수 있다. 자녀나 조카가 두 명 있으면 10대의 PC에 설치할 수 있다. 이 혜택이 계속 진행이 된다면 초중고 12년을 무료로 사용하고, 대학교에 진학한다면 그 기간은 더욱 길어진다.

● 서울특별시교육청 웹페이지

간혹 엑셀이나 파워포인트 강의를 하게 되면 여전히 오피스가 2003년에 머물러 있는 사람들을 만날 때가 있다. 윈도우와 오피스에 생성형 AI가 탑재된다는 소식이 들린다. 2003년, 2013년 등 이미 기술지원 종료까지 공지된 오피스 버전에 인공지능 서비스가 탑재될 확률은 굉장히 낮다. 잠시 이 책을 덮고 PC에 있는 오피스를 365로 업데이트하는 시간을 갖자.

▶ 원드라이브

원드라이브는 제공되는 용량이 1TB로, 다른 클라우드 서비스 대비 압도적으로 풍부한 공간을 제공한다. 기관 정책에 따라 100GB만 제공하는 경우도 있지만, 다른 클라우드 서비스와 비교하면 여전히 작지 않다. 폴더 또는 파일 난위로 다른 사람들과 공유할 수 있고, 실시간으로 폴너가 업네이트되기 때문에 협업하거나 버전 관리도 편리하다. 우연히 동일한 시간대에 양쪽에서 각각 편집을 진행해도 변경된 사항이 자동으로 다른 파일로 저장이 되어 데이터가 유실될 확률도 낮다. 게다가 윈도우 탐색기 폴더에서 다른 로컬 폴더와 함께 사용할 수 있고, 모바일이나 웹으로 접속하여 작업할 수 있다. 앞에서 설명한 오피스365 활용 방법을 통해 무료로 사용할 수 있다는 것 자체가 엄청난 혜택이다.

● **원드라이브 1TB 저장공간**

▶ PARA, 두 번째 뇌 만들기

흔히 디지털 생산성 도구를 '두 번째 뇌'라고 부른다. 생산성 분야의 세계적인 전문가 티아고 포르테가 제안한 'PARAProjects, Areas, Resources, Archives'는 두 번째 뇌를 구축하는 데 활용되는 방법론으로, 어떠한 생산성 도구를 사용하든 적용해 볼 수 있다. 일종의 정리 방법이다.

프로젝트Projects

업무나 개인 생활에서 특정 목표를 염두에 두고 단기적으로 진행하는 프로젝트이다. 목표와 마감일이 정해져 있는 일이다. (ex. 홈페이지 구축, 보고서 작성, 전략 워크숍, 단기 어학 과정, 스페인 가족여행)

영역Areas

지속적으로 관심을 가지고 지켜봐야 하는 영역이다. 기한이 정해져 있지는 않지만, 책임감을 가지고 장기적으로 살펴봐야 하는 중요한 부분이다. (ex. 리더십, 조직문화, 인사관리, 연구개발, 건강, 블로그 글쓰기, 자녀교육)

자원Resources

평소 흥미로웠거나 배우고 싶었던 다양한 주제를 보관하는 것이다. 향후에 적극적으로 탐구하고 싶은 내용을 탐색할 때 활용한다. Area와의 가장 큰 차이는 책임감이다. (ex. 생산성, 디자인, 영문학, 커피, 목공, 사진, 독서, 노트)

보관Archives

완료되었거나 더는 활동하지 않는 다른 세 가지 카테고리 항목을 보관한
다. 관심 없는 사항이 되었지만 언제든 참조 영역으로 활용할 만한 정보를
모아둔 곳이다. (ex. 완료된 프로젝트, 예전 직무 자료, 관심이 없어진 자원)

● **PARA**

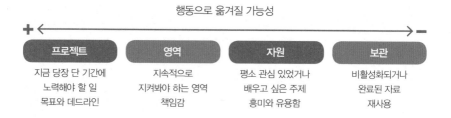

프로젝트는 데드라인이 사라지고 지속적인 관리를 위해 영역으로 이동
하기도 한다. 그 과정에서 자원을 만들어 내기도 한다. 영역에 있던 아이
템은 관리가 잘되지 않거나 지시에 따라 단기 프로젝트가 되기도 하고 책
임감이 사라져서 자원이 되기도 한다. 보관에 있던 자료는 필요에 따라 다
시 프로젝트가 되고 영역으로 이동한다. 내가 처음 에버노트를 사용할 때
큰 도움을 받았던 방법론이다. 생산성 도구를 처음 시작하는 사람들에게
강력하게 추천한다.

▶ 더블 다이아몬드, 4D

나는 방법론을 좋아한다. 시작할 때 좋은 참고 자료가 되며 습관을 만드는 기준이 된다. 어떤 일이든 초기에는 힘을 주기 쉽다. 하지만, 방법론을 알고 있으면 안정감이 생기고 익숙해지면 좋은 습관이 된다. 회사 생활에서 '식스시그마', '창의적 문제해결', '디자인 씽킹', '퍼실리테이션' 등 다양한 방법론을 배우다 보면 비슷한 맥락을 보여주는 경우가 많다. 그중에 하나가 '더블 다이아몬드'인데, 기록에 적용하면 찰떡같이 잘 맞는다.

● 더블 다이아몬드 프로세스

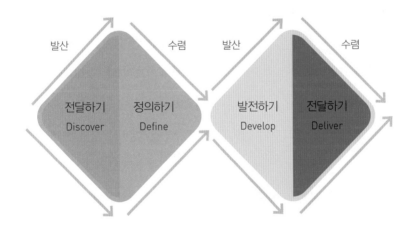

더블 다이아몬드는 문제와 해결의 다이아몬드로 구성되어 있으며 'Discover – Define – Develop–Deliver' 네 단계로 구성된다.

첫 번째 단계인 'Discover'는 주제와 관련된 모든 것을 살펴보자. 마인드맵, 브레인스토밍, 고객 여정 지도 등이 이 부분에 포함된다. 기록 측면에서 보면 이 부분은 다양한 정보를 수집하는 발산 단계이다.

'Define'은 문제 다이아몬드에서 무엇에 집중할 것인지 결정하는 수렴 단계이다. '5 why', '친화도 분석' 등을 통해 문제에 초점을 맞춘다. 기록했던 정보들을 바탕으로 무엇을 할지 결정하는 큐레이션의 단계와 유사하다.

'Develop'은 다시 발산의 단계이다. '프로토타입', '스토리텔링', '고객 여정 지도' 등의 방식으로 영감을 얻고 해결책이 될 수 있는 다양한 아이디어를 늘어놓는다.

마지막 'Deliver'는 더블 다이아몬드의 최종 단계이며, 커뮤니케이션에 무게를 둔다. 한정된 자원과 시간 속에 모든 것을 다 할 수 없다면 어떤 것을 제외하고 발전시킬지 결정한다.

도구 사용도 마찬가지로 발산과 수렴의 단계를 반복한다. 발산의 단계에서 수렴을 고민하면 비효율적인 작업이 진행되기도 한다. 정확하게 초점을 맞추기 어려울 때는 목적과 주체를 고민하기보다 일단 물 흐르듯 단계별로 사용해 보자. 어느 정도 사용량이 쌓이면 초점을 맞추는 수렴 단계를 진행한다.

이때쯤부터 업무에서 배운 지식을 개인 생활에도 활용하면 좋겠다는 생각을 했다. 보고서 작성과 업무 수행을 위해서 배웠던 내용에도 이미 진리가 있었지만, 업무와 개인 삶을 연결시키지 못했다. 업무와 개인 주제는 따로 분리된 것이라 생각하여, 기록을 어떻게 하면 좋을지 배우러 다녔다. 배움을 내 것으로 소화하고 적용하는 내공이 부족했던 것이다.

4

내가 곧 콘텐츠

쓸모의 선순환을 만드는 글쓰기

프로젝트를 수행하거나 발표, 강의 등의 경험을 하고 나면 그것을 글로 남겨 놓는 것도 콘텐츠가 된다. 콘텐츠를 넘어 그것을 홍보하는 마케팅이 되기도 한다. 초등학생 자녀에게 알려주고 싶은 영어 콘텐츠를 꾸준히 블로그에 올렸더니 출판사에서 책을 보내줄 테니 서평을 써달라는 요청을 받았다. 서평을 올리고 아이들이 책으로 공부하는 영상을 올리니 검색 플랫폼에 노출이 더 잘된다. 광고를 붙이니 잊을만하면 한 번씩 광고 수익이 입금되고 커피는 이제 플랫폼 회사에서 사주는 느낌이다. 세상에 공짜는 없다. 받았으면 일을 해야 한다. 그 커피를 소확행으로 커피챗을 하며 또 다른 소재를 얻고 글을 작성한다.

● 정기적으로 입금되는 네이버 블로그 광고 수익

● 애드포스트정산

네이버 블로그 광고 수익 ✎

거래시각   2024.01.25 09:56:18

거래구분   일반입금

거래금액   54,591원

　자료가 쌓이면서 구조화된 글로 남기고 싶다는 생각을 하기 시작했다. 나의 경우에는 영화와 드라마를 보고 떠올랐던 생각을 정리하는 걸 좋아해서 영화와 드라마에 대한 나만의 리뷰를 남겨 보기로 했다. 넷플릭스 오리지널 콘텐츠를 감상하고 관련 리뷰를 글쓰기 플랫폼에 꾸준히 남겼다. 글을 쓰다 보니 더 잘 쓰고 싶은 마음이 생겼고, 읽지도 않던 영화 매거진의 평론가들의 리뷰를 읽기 시작했다. 같은 영화를 봤는데 어떻게 이런 생각을 할 수 있는지 놀랍기도 하고, 봤던 영화를 다시 보면서 생각에 잠기기도 했다. 그리고 또 글을 남겼다. 그러던 어느 날 넷플릭스에서 아이패드와 무료 구독권, 굿즈를 보내오기도 했다.

　콘텐츠를 기반한 꾸준한 글쓰기는 마케팅이 되어 다양한 인연을 만들어 낸다. 기획 스토리 연재, 출간, 인터뷰 등 예상하지 못했던 프로젝트로 이어진다. 그리고 이것은 다시 수집하고 기록하고 그것을 정리하는 동기가 되어 돌아온다. 축적된 기록과 콘텐츠가 실제로 쓸모가 있음을 느끼면서 좋은 선순환을 만들 수 있다.

● 넷플릭스에서 보내 준 선물

주제를 잡고 긴 글을 쓴다는 것은 밑천이 드러나는 일이다. SNS에 짧은 글을 작성한다거나 발표하는 것보다 훨씬 어려운 일이기도 하다. 몇 줄 쓰다 보면 이렇게 쓸 이야기가 없었나 싶을 정도로 진도가 나가지 않는다. 글의 논리를 점검하고 문장을 다듬을수록 글은 더 간결해지고, 써놓은 글의 양이 줄어들면서 야속한 마음마저 든다. 밑천이 드러나는 과정에서 내가 정확히 알고 있는 것은 무엇이며, 무엇을 모르는지 알게 된다. 성장의 시작인 것이다.

네이버 블로그 외에도 브런치, 얼룩소, 미디엄 등 다양한 글쓰기 플랫폼이 있다. 이 플랫폼들은 반드시 실명을 사용하지 않아도 되는 것이 장점이다. 마음 편하게 지금 하고 있는 일과 경험을 소소하게 남기고 생각을 정리해 보자. 꼭 무엇인가와 연결되지 않아도 좋다. 콘텐츠가 우연히 플랫폼

메인에 노출되면 순식간에 수만 명이 읽고 공감을 누르기도 한다. 그것이 또 다른 동기부여가 된다.

시작하기 + 존버 = 결과

누군가 현생 인류를 표현할 때 호모 사피엔스에 사피엔스를 하나 더 붙였다. 호모 사피엔스 사피엔스. 생각하는 인간을 생각한다. 인간은 자신의 행동과 생각을 관찰할 수 있는 '자신만의 관찰자'를 가질 수 있는 능력이 있다고 한다. 기록하고 그 기록을 바탕으로 콘텐츠를 만들면 '아, 나는 이렇게 생각하는 사람이구나', '지금 나는 여기에 관심이 있구나'라는 자기 객관화 시간을 가질 수 있다. 콘텐츠의 마케팅과 부가적인 수익은 덤이다.

단 며칠 만에 많은 수익을 거뒀다며, 돈이 되는 콘텐츠를 만드는 방법을 알려주는 영상들이 유튜브에 넘쳐난다. 심지어 그 영상에는 진짜 내용은 본인들의 강의에 있다며 돈을 지불하라고 유도한다. 그렇게 콘텐츠를 만들고 싶어 하는 사람들을 대상으로 수익을 올리고 그것으로 또 수익을 거뒀다며 입금 내역을 보여주고 홍보하는 재미있는 현상이 일어난다.

나는 별다른 왕도가 없다고 생각한다. 1년 정도 지속적으로 콘텐츠를 생산하면 놀랍게도 팬이 생긴다. 꾸준한 시간이 신뢰를 쌓는 것이다. 만나서 이야기를 듣고 싶다는 사람들이 연락이 오면 신기하기까지 하다. 힘든 일은 1년이 되기까지 '좋아요'도 없고 혼자 있는 듯한 느낌을 버텨야 하는 것이다. '존버'를 위한 동력이 필요하다.

자신이 좋아하거나 경험했거나 배우고 싶은 분야를 글로 쓰고 영상으로 만들어 보는 것도 좋은 방법이다. 시작이 어려우면 마음먹기부터 시작하자. 마음을 먹고 몇 줄 쓰기 시작하면 일상생활에서도 그 주제만 보이는 현상이 일어난다. 차에 관심이 없던 사람도 타던 차를 바꿔야겠다고 생각하면 그때부터 자동차에만 눈길이 가게 된다. 다른 일을 하면서 차를 선택하는 과정을 비유하는 아이디어가 떠오르기도 한다. 그러니 일단 시작하고 계속하자.

생각해 보기

글쓰기 플랫폼에 가입하고 최근에 있었던 일 중에서 행복했던 일, 인상 깊은 장소, 깨달음을 준 사건 등을 자세히 작성하고 글을 발행해 봅시다.
어떤 내용이 담기게 될까요?

▶ 반디캠

'내가 여기 있음'을 알리는 가장 좋은 방법은 역시 영상이다. 조직에서 보면 선천적으로 카메라 앞에서 자연스럽게 말하고 무대 위에 서는 것이 편해 보이는 사람들이 있다. 하지만 많은 사람들이 그렇지 못하기에 '나도 시작해 볼까'라고 생각만 하다가 시간이 흐른다. 자신의 영상을 처음 찍는 사람은 어색함과 부끄러움 때문에 제대로 된 영상을 남기기 힘들다. 그런 낯간지러움을 극복하는 방법은 오직 하나다. 많이 찍어보는 것이다. 결과물이야 어떻든 일단 많이 찍어야 한다.

반디캠은 컴퓨터 화면이나 게임 화면, 웹캠 영상 등을 쉽고 편리하게 동영상으로 저장할 수 있는 화면 녹화 프로그램이다. 특히 방송 프로그램으로 널리 알려진 OBS Open Broadcaster Software를 사용하기 어려워하는 사람들에게 대안이 될 수 있는 디지털 도구이다.

반디캠은 기본적으로 원하는 영역을 선택하고 바로 REC 버튼을 누르면 녹화가 시작된다. 캠 화면을 추가하거나 외부 마이크를 추가하는 것도 손쉽게 가능하다. 전반적으로 소프트웨어가 간단하고 사용이 편리하다.

● 반디캠 녹화 화면 영역 선택 화면

가장 파워풀한 기능은 마우스 이동 경로를 보여 주는 커서 표시와 주변만 녹화하는 기능이다. 마우스를 중심으로 녹화가 되기 때문에 굳이 얼굴을 보여주지 않고 간단한 기능 설명을 설명하고 싶을 때 유용하다. 사람들이 궁금해 할만한 것을 가볍게 알려주는 느낌으로 방송을 시작할 수 있다.

▶ 프리즘 라이브 스튜디오

유튜브 실시간 방송을 하려면 뭔가 거창한 것이 필요하다는 생각을 하는 경우가 있다. 유튜브 고객 센터에도 구독자가 최소 어느 정도 있어야 하며, 1,000명은 되어야 제한이 없다고 한다. 네이버에서 제공하는 프리즘 라이브 스튜디오는 지금 당장 가볍게 라이브를 한 번 해볼 수 있는 도구이다.

● 프리즘 라이브 스튜디오 방송 플랫폼 선택 화면

모바일에서 어플리케이션을 설치하고 로그인하면 방송을 하고 싶은 플랫폼을 선택하라고 한다. 유튜브로 방송을 하고 싶다면 채널을 선택하고 Ready를 터치한다. Ready가 Go Live로 바뀐 것을 볼 수 있다. 한 번 더 터치하면 3초를 세고 바로 실시간 방송이 시작된다. 가입부터 방송까지 몇 분 걸리지 않는다. 구독자가 0인 사람들은 아무도 보지 않을테니 지금 당장 해보자.

▶ 캡컷

영상 콘텐츠의 시대에 동영상 편집 도구를 최소한 한 가지 정도는 알고 있으면 좋다. 과거에는 프리미어, 베가스 등 누군가에게 배워야 다룰 수 있을 것 같은 프로그램이 많았다면, 요즘은 누구나 쉽게 사용할 수 있는 직관적인 도구들이 많이 출시되었다. 그중에서 나랑 함께 사는 초등학생이 가장 좋아하는 캡컷CapCut을 추천한다.

● **캡컷 프로그램 기능 소개 화면**

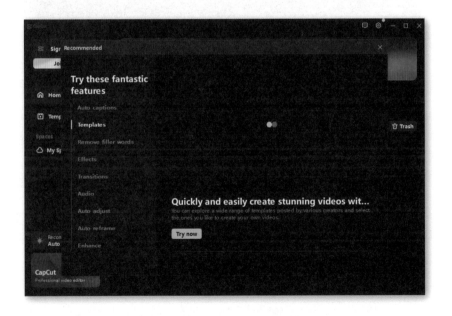

캡컷은 모바일과 PC에서 사용할 수 있으며 간단한 컷 편집과 음악, 영상, 사진을 자유롭게 활용하는 메뉴가 심플하게 구성되어 있다. 또한, 자

동 자막, 배경 지우기 등 과거에는 고가의 유료 프로그램에서 제공했던 기능을 무료로 제공한다. 다양한 기능을 지속적으로 추가하면서도 유료 프로그램들이 삭제하지 못하게 하는 워터마크를 캡컷은 제거할 수 있다.

● **캡컷 프로그램 템플릿 화면**

캡컷의 가장 큰 장점은 방대한 템플릿이다. 자르고 붙이는 편집이나 자막을 넣는 작업이 불편한 사람들은 적당한 템플릿을 선택하고 사진과 동영상을 올려놓기만 하면 영상이 만들어진다. 인스타그램에 올라오는 릴스 중에 캡컷의 템플릿을 활용한 영상이 꽤 많다. 심지어 지금도 새로운 템플릿이 만들어져서 업데이트되고 있다.

캡컷 외에도 다빈치 리졸브도 추천한다. 두 프로그램 모두 별도로 사용법을 배우지 않아도 될 정도로 메뉴가 쉽고, 궁금한 내용이 있을 때는 검색만 해도 쉽게 찾을 수 있을 정도로 많은 사람들이 사용법을 공유하고 있다.

내가 만났던 교육생 J의 이야기이다. 과거에 무엇인가를 새롭게 도전하고 싶어서 주위에 물어보니, "메모 앱은 A가 최고지, 영상은 무조건 B를 배워야 해"라는 조언을 들었다고 한다. 그래서 A와 B의 수업을 신청하고 참여했는데, 생각보다 어려웠다는 것이다. '역시 나는 디지털은 아닌가 봐'라며 관심을 갖지 않고 있었는데, 어느새 편리한 도구들이 출시되어 누구나 하고 있더라는 것이다.

여러분이 어렵다면 대다수 사람들도 어려워하고 있을 것이다. 그렇다면 시장은 가만히 있지 않고 그 어려움을 해결하려고 노력해서 신규 서비스를 만들어 낸다. 이 책에서 언급하고 있는 대부분의 도구들도 사용 방법이 어렵지 않지만, 모든 기능을 배우고 익히려고 애쓸 필요는 없다. 필요할 때 사용할 수 있을 정도면 충분하다. 자막은 V프로그램, 사진은 U사이트, gif는 G사이트, 컷편집은 B프로그램, 이렇게 분야별로 자신을 돕는 프로그램과 플랫폼을 정해두자. 그리고 분야별로 새로운 서비스가 나왔다는 소식을 들으면 재빨리 사용해 보고 기존의 도움을 줬던 도구들을 하나둘씩 명예퇴직시키고 신입사원으로 대체하자. 세월이 흘러 여러분들도 나이를 먹겠지만, 자신을 돕는 디지털 도구는 영원한 젊음을 유지할 수 있도록 관리하도록 하자.

제5장

새로운 가치를
만드는 '실행력'

1

무엇을 가지고 있는가

축적과 모방을 넘어 수익화

너무나 당연한 이야기지만 보유한 기술과 역량이 있더라도 저절로 경쟁 우위에 놓이는 것은 아니다. 오랫동안 그 일을 해왔고, 뜨거운 열정을 가지고 있다고 해서 자연스럽게 누군가가 찾아오고, 돈을 주고, 의뢰하는 것도 아니다. 축적과 모방의 시기를 지나 자신이 가진 것을 날카롭게 만드는 시간이 필요하다.

3C의 마지막 단계 '부가가치 창출 Create'이 여기에 해당한다. 이때 가장 좋은 방법은 '수익화 시도'다. 수익화는 돈을 벌고자 하는 목적이 아니라 경쟁력을 테스트하는 개념이다. '내가 가지고 있는 능력이 과연 시장에서 먹히는가?', '지속적으로 다시 찾는 사람이 있는가'를 확인하는 것이다.

'아마추어는 돈을 내면서 하지만, 프로는 돈을 받으면서 한다'는 말이 있다. 수익화를 한다는 것은 금전적인 측면과 아울러 돈을 받을 만큼의 가치를 제공할 수 있느냐를 의미한다. '입금은 부담이 되고 노력은 성장으로 바뀐다'고 했던가. 그냥 취미로 했던 일도 수익화를 고민하는 과정에서 고객이 무엇을 원하고 내가 어떤 가치를 줄 수 있는지 살피게 된다. 자신의 기술과 역량이 상품화하는 과정이고 그것은 무형의 자산이 된다.

업무를 하다 보면 특정 문제에 대해 쉽다고 느껴지는 경우가 있다. 동료들이 어려워하거나 낯설어하는 일들이 본인에게는 그리 어렵지 않다고 느껴질 때, 바로 그것이 무형자산의 재료가 될 수 있다. 그 재료를 시장의 요구에 어떻게 맞추는지가 비즈니스의 시작이다. 앞선 디자인 워크숍 사례처럼 회사에서 하는 업무 프로세스를 개인에게 적용해서 테스트해 보는 것이다. 그래서인지 성공적인 벤처기업들이 추진하는 사업 전략은 일 잘하는 직장인들의 커리어 전략과 매우 비슷하다.

70:20:10 학습 모델

시장에서도 통하는 무형자산을 만드는 방법으로 참고하면 좋은 것이 '70:20:10 학습 모델'이다. 인재를 육성하는 프레임워크로, 전체 100% 학습경험 중 단 10%만이 정형 학습을 통해 학습되며, 나머지 20%는 비정형 학습을 통해, 70%는 업무 환경에서 학습된다는 학습 이론이다. 이는 자신의 역량을 개발하는 데도 적용할 수 있다.

사람들은 특정 역량이나 배우고 싶은 것이 있으면 일반적으로 강의 등의 수업을 찾는다. 이 모델의 10%가 이와 유사한 형식화된 학습을 의미하며, 공식적인 교육 훈련으로 직원들에게 필요한 교육과 환경을 구축하여 강사가 지식과 기술을 제공한다. 70%는 비형식적 직무 경험을 통한 성장이다. 학습한 내용을 기반으로 직무를 수행하는 과정으로, 관련 지식과 기술을 추가 습득할 뿐만 아니라, 문제해결과 의사결정, 협업의 실전 경험으로 역량을 쌓는다. 이 과정에서 또 다른 학습 욕구를 만들어 내는 학습 전이가 이뤄지기도 한다. 20%는 형식, 비형식의 전반적인 학습 과정에서 학습조직, 코칭, 멘토링으로 성장을 촉진한다. 직무 전문가가 역할모델이 되기도 하고 코치의 적절한 질문으로 깨달음을 얻기도 한다. 학습조직은 혼자 하기 어려운 과정을 끝까지 완수하게 만드는 힘이 있다.

● 70:20:10 학습 모델

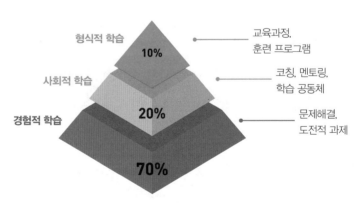

무형자산을 만드는 방법도 이와 유사하다. 직무 경험이 잘 쌓이면 그것

이 곧 무형자산이다. 조직의 환경에 따라 다르지만, 최소 주 40시간 일한 다고 가정할 때 1년(52주)이면 2,080시간이다. 5년이면 1만 시간이 넘는다. 이 시간을 어떻게 잘 만드는지에 따라서 어떤 사람은 무형자산을 가진 직업인이 되기도 하고, 어떤 사람은 그냥 직장인으로 머물기도 한다.

"직장생활은 내가 원하는 일을 하기 위한 생계 수단이지 그 이상 그 이하도 아니다"라고 말하는 사람들을 본 적이 있다. 하루 24시간 중 7시간 잠을 자고 1시간씩 밥을 먹으면 남는 시간은 14시간이다. 여기에 출근하고 퇴근하는 시간을 제외하고 일하는 시간 8시간을 빼면 남는 시간이 정말 많지 않다. 8시간을 버티기 모드로 돌입하면 남는 시간에 무엇을 하기란 더 힘든 일이다. 버티기로 마음 에너지도 고갈되어 있는데 물리적인 시간도 없다. 일하는 시간을 어떻게 무형자산으로 만들지 더 간절한 마음으로 고민해야 한다.

70:20:10은 세계 최대 인재 개발 콘퍼런스 ATD Association for Talent Development 에서 매년 등장하는 키워드 중 하나이다. 그만큼 책이나 수업으로 배운 후에 현장에서 할 수 있는 일이 많지 않다는 것을 의미하기도 한다. 특정 자격증을 보유하고 있다고 해서 채용 후에 그 일을 잘할 수 있다는 것도 아니다. 실무를 할 수 있다는 것은 큰 기회에 계속 노출되고 있다는 의미이기도 하다.

회사 시스템에 접속하면 내 인사카드가 보인다. 거기에는 내가 퇴직해야 하는 예정일이 나와 있다. 내가 비형식적 직무 경험을 쌓을 수 있는 잔여기간이다.

▶ 비즈니스 모델 캔버스

2017년 국내 한 포럼에서 《비즈니스 모델의 탄생》의 저자 알렉산더 오스터왈더를 직접 만날 기회가 있었다. 그는 기업들을 냉장고 안의 요구르트로 비유하며, 유통기간 만료에 대비해 혁신을 지속해야 한다고 했다. 그는 비즈니스 모델 캔버스로 유명한 '9 blocks'를 보여주며 네스프레소의 사례를 설명했다. 가치 제안 캔버스와 비즈니스 모델 캔버스는 취업 및 창업 교육에서 빠지지 않고 등장하는 내용이다. 꼭 알아두고 실제 업무와 역량 향상에 활용하면 좋겠다.

● 비즈니스 모델 캔버스

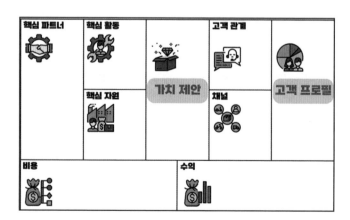

네스프레소 사례

B2B 제품을 판매하던 네스프레소는 커피머신과 캡슐을 개발하여 연평균 30%의 성장을 끌어낸다. 그들은 비싼 에스프레소 기계를 구입하고 싶지 않은 사람, 그렇지만 인스턴트커피도 원하지 않는 고객층을 공략했다. 네스프레소는 백화점과 가전제품 전문점과 같이 배송이 오래 걸리는 채널은 과감하게 활용하지 않았다. 대신 기계를 구입한 고객이 '네스프레소 클럽'이라는 멤버십 제도를 통해 전화나 온라인으로 주문할 수 있도록 하고 주문 패턴을 활용하여 고객 관계도 축적했다.

네스프레소의 기계를 작동시키는 데는 어려운 기술과 지식이 필요하지 않다. 캡슐을 넣고 버튼을 누르기만 하면 된다. 캡슐로 다양한 커피 향을 즐기면서도 찌꺼기를 처리하는 것도 간편하다. 이를 돕는 터믹스Turmix, 크럽스Krups와 같은 파트너들과 제휴를 맺고 업체들의 마진을 보장한다. 1,700여 개에 달하는 특허 취득과 호텔, 항공사 비즈니스 클래스 등에 공급하는 고급화 전략을 통해 지속적으로 성장하고 있다.

비용과 수익 구조는 어떨까? 네스프레소 수익원은 크게 '머신'과 '캡슐' 두 가지이다. 머신 부분에서는 파트너사들의 마진을 보장함으로써 장기적인 협력 관계를 위해 큰 이익을 추구하지 않았다. 반대로 캡슐 판매에서는 배송과 원가를 통제하여 큰 마진을 남기는 것으로 알려져 있다.

▶ 고객 가치 제안 캔버스

고객 가치 제안 캔버스는 비즈니스 모델 캔버스에서 타깃 고객과 제공하는 가치를 좀 더 세부적으로 고민할 수 있는 프레임이다. 흔히 말하는 것처럼 비즈니스의 대상이 되는 페르소나를 정하고 그들의 불편을 제거하거나 이익을 만들어주는 과정을 구체화한다.

● 가치 제안 캔버스

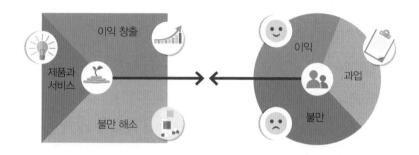

왼쪽은 가치맵, 오른쪽은 고객 프로필이다. 고객이 하고 싶은 일이 과업이고 그 과정에서 불만이나 장애물이 있다. 쉽게 과업을 달성하고 추가 이익을 만들어 낼 수도 있다. 오른쪽의 고객 프로필이 완성되면 왼쪽의 가치맵을 채워보자. 어떤 제품과 서비스로 이익 창출과 불만 해소를 도울지. 그리고 그것을 한 마디로 설명한다면 무엇이라 할 수 있을지 채워보는 것이다.

생각해 보기

다음 내용을 주제로 비즈니스 모델 캔버스를 완성해 보세요
1. 현재 하고 있는 업무의 사업 구조
2. 평소 괜찮다고 생각했던 비즈니스

2

제안할 수 있는가

제안은 일의 시작이다

나는 아이들 사진을 꽤 오랜 시간 찍어 왔다. 아이들 돌 사진을 내가 직접 촬영하면서 아이들에게는 돌이킬 수 없는 안타까운 사진을 선물했지만, 내 사진 실력은 세월만큼 상승하고 있었다. 어느 날 지인으로부터 대규모 행사에 참여할 사진사들을 모집한다는 연락이 왔다.

"재미있겠는데요. 저도 하고 싶어요. 장비도 다 있고 바로 가능해요."

"그래? 경력 프로필 보내봐."

"경력이요? 무슨 경력이요?"

"하아…"

만약 실력이 있더라도 누가 그냥 알아주는 것은 아니다. 조직 내에서는 그동안 쌓아온 경력과 인맥이 있지만, 비즈니스 세계는 냉정하다. 단순히

"내가 할 수 있어요"라는 말로 할 수 있는 것은 거의 없다. 이때 중요한 것이 '제안 능력'이다. 수행도 중요하지만, 제안이 안 되면 수행까지 가지도 못한다.

회사에서 보고서나 파워포인트 강의를 할 때 20대에서 50대까지 다양한 연령대의 동료들이 참여한다. 강의를 시작하면서 교육 참여를 동기부여하기 위해 몇 가지 이야기를 나눈다. 어린 후배들에게는 오늘 배우는 내용이 회사에서 심리적 안정감을 느끼는 데 도움이 되었으면 한다는 바람을 이야기한다. 회사의 언어를 사용할 수 있다는 것은 그 자체만으로도 마음이 안정되는 효과가 있으니 말이다. 한편, 은퇴가 가까워지고 있는 선배들에게는 배움을 잊지 않고 신청했음에 감사드리고, 은퇴 이후에 문서 작성 능력은 더욱 중요해질 것이라 장담한다. 몇 년 후 조직을 떠나 중장년 창업 지원, IR피치, 하다못해 구청에서 지원해 주는 지역 커뮤니티 사업을 신청할 때도 문서 작성이 필요하다.

제안의 완성은 문서작성이다

아이들이 어릴 때 내가 참여하던 독서 모임에는 육아에 관심이 많은 아버지들이 꽤 많았다. 그 사람들과 함께 공동 육아 커뮤니티를 추진했다. 아버지들이 조직에서 하는 일을 기반으로 매월 1회 토요일에 모여 아이들과 함께 워크숍을 진행했다. 엔지니어 일을 하는 아버지는 고장 난 TV를 가지고 분해해 보면서 우리가 자주 보고 있는 TV가 어떤 구조로 되어 있는지 해체 수업을 했다. 영어 교육을 하는 아버지는 애니메이션으로 아이들에게 즐거운 영어 수업을 진행했다. 공교육을 떠나 홈스쿨링을 하고 있는 부모님을 초빙해서 저자 강연도 개최했다. 아버지들이 아이들과 토요일에 시간을 보내니, 어머니들의 신청이 폭발적이었다. 점점 회원 수가 늘면서 지역 공동체 지원 사업에도 참여했다. 서류가 복잡하고 작성할 것들이 많은 것처럼 보였지만, 서류에 묻혀 사는 회원들에게는 쉬운 일이었다. 어떤 콘셉트로 어떻게 제안할 것인지 운영진과 논의하는 것만으로도 좋은 경험이었다. 결국, 아이들이 활동하고도 남을 만큼의 예산을 지원받고 사례 발표까지 어렵지 않게 진행되었다. 작게 시작했던 일은 제안과 발표로 점점 일이 커져서 후에 '대한민국 독서동아리 대상'에서 특별상을 수상하는 계기가 된다.

● 2019년도 대한민국 독서동아리 특별상

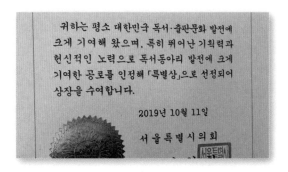

귀하는 평소 대한민국 독서·출판문화 발전에 크게 기여해 왔으며, 특히 뛰어난 기획력과 헌신적인 노력으로 독서동아리 발전에 크게 기여한 공로를 인정해 「특별상」으로 선정되어 상장을 수여합니다.

2019년 10월 11일

서 울 특 별 시 의 회

제안은 곧 문서 작성이다. 내가 가지고 있는 것, 내가 잘할 수 있는 것, 그래서 내가 해 온 것, 그리고 앞으로 당신들에게 해 줄 수 있는 것을 보여주는 능력이다. 문서 작성이 잘 안되면 만나서 설득할 기회조차 없을 때가 많다. 그런데도 많은 사람들이 한글, 워드, 파워포인트를 작성해야 할 시간이 오면 피하고 싶어 한다. 피하다 보면 더 하기 어렵고 더 하고 싶지 않게 되는데도 말이다.

생각해 보기

예비 창업자들에게 5,000만 원을 지원하는정부 사업이 공지되었다.
제안서의 주제와 목차, 핵심 메시지를 작성해 봅시다.

▶ MS 오피스

오피스는 한글과 더불어 이미 많은 직장인들에게 익숙한 디지털 도구이다. 기능이 많기 때문에 필요한 기능만 틈틈이 익히는 습관을 가지면 좋다.

파워포인트는 앞에서 설명한 템플릿 사이트에서 기본 골격을 다운받아 자신만의 방식으로 수정하며 연습한다. 폰트, 레이아웃, 색상, 이미지 등 기본적으로 알아야 할 기능이 꽤 있다. 디자이너 수준은 아니더라도 정렬과 안내선만 잘 활용하면 자료를 깔끔하게 만들 수 있다.

● 파워포인트 도형 병합 기능의 다섯 가지

파워포인트의 한 가지 기능만 소개한다면 모핑, 확대/축소 기능과 더불어 가장 많이 활용되는 도형 병합 기능을 추천한다. 광고 포스터에서 볼 수 있는 대부분의 템플릿과 모양을 이 메뉴 다섯 가지로 만들 수 있다. 이 기능만 잘 활용해도 파워포인트의 신세계가 열린다.

파워포인트에 비해 MS워드는 상대적으로 덜 익숙해서 어떤 내용을 알아야 하는지 혼란스러울 때가 있다. 워드를 어려워하는 대부분의 이유는 도형이나 글상자를 삽입했을 때 드래그로 선택할 수 없어서이다. 파워포인트처럼 선택이나 그룹이 잘되지 않는다면 [삽입-도형-(하단끝) 새 그리기 캔버스] 메뉴를 사용해 보자. 하나의 슬라이드처럼 상자 안에서 선택도 그룹도 가능하다. 만들어 놓은 캔버스를 다른 보고서에 붙여서 사용할 수도 있다.

● **MS워드의 캔버스 기능**

마지막으로 엑셀을 이야기하면 지금도 vlookup 등의 함수의 늪에서 빠져나오지 못하는 사람들이 많다. 도스의 시대가 가면서 윈도우가 등장했다. 하나씩 입력하는 시대는 그다음의 좋은 프로그램의 등장을 예고한다.

엑셀 2013 버전 이후로는 파워쿼리 기능을 사용할 수 있다. 쿼리 병합, 추가 등으로 vlookup은 물론 그 이상의 기능을 복잡한 함수 입력이 아닌 몇 번의 클릭만으로 가능하다.

● 엑셀 파워쿼리 기능

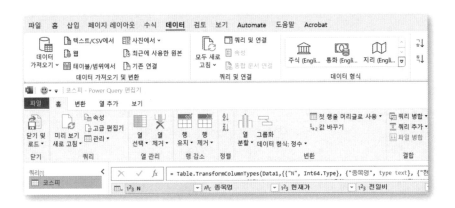

[데이터 – 웹 – 고급] 메뉴를 활용하여 OpenAPI URL을 입력하면 데이터 수집도 가능하다. 수집한 데이터를 파워쿼리에서 데이터 전처리를 거쳐 다수의 데이터셋을 연결하고 로드할 수 있다.

● 엑셀 웹 데이터 가져오기 기능

교육을 해보면 오피스의 업데이트에 놀라는 사람들이 꽤 많다. 마이크로 소프트는 2024년 초 300명 이하 중소기업을 위한 MS365 코파일럿을 출시했다. 파워포인트, 워드, 엑셀, 아웃룩 등에 생성형 AI를 적용하는 새로운 시도다. Gamma(https://gamma.app)는 이미 몇 달 전부터 자동으로 파워포인트 슬라이드를 만들어주는 서비스를 선보이고 있다. 아직 완성도는 높지 않지만, 곧 인간처럼 제작하는 인공지능이 가능하지 않을까 싶다.

▶ 한컴 한글

일반 기업은 MS워드를 많이 사용하지만, 많은 입찰과 공공사업은 대부분 한글 문서로 진행된다. '내 PC에는 한글이 깔려 있지 않다', '회사 내에서 사용할 수 없다' 등을 이유로 한글과 완전히 멀어진 사람들이 많다. 한글도 워드와 유사하게 파워포인트와 엑셀만큼 많은 기능을 활용하지 않는다. 단락, 표, 상용구 등 주요 기능 몇 가지만 습득하면 충분하다. 유튜브나 무료 강의 플랫폼에 접속하여 딱 한 강의만 수강해서 미리 익혀두자.

▶ ezPDF Editor 3.0

업무를 하다 보면 PDF를 전달받고 원본 문서가 없을 때가 있다. 시간에 쫓길 경우나 빠르게 간단한 수정을 하고 싶을 때는 'ezPDF(http://www.ezpdf.co.kr)'가 좋다. 당연히 어도비 PDF를 사용하면 좋겠지만, ezPDF는 이 책에서 내가 언급하는 대부분의 프로그램처럼 무료이며, 사용하기가 편리하다. PDF에 있는 오탈자를 수정할 때도 원본 폰트를 그대로 적용하여 수정할 수 있으며, 로고, 워터마크, 페이지 번호 등 주석을 추가하는 것도 전체 페이지 적용 기능 등으로 손쉽게 가능하다. PDF를 합치고 분리하는 것도 Ctrl+C 또는 V로 가능하며, 일부 PDF는 파워포인트로 변환도 가능하여 새로운 문서 제작에 활용할 수 있다.

● ezPDF홈페이지

ezPDF Editor 3.0은 PDF 전자 문서의 생성부터 열람, 변환, 편집, 활용, 보관 및 보안 처리에 이르기까지 모든 프로세스를 간편하게 수행할 수 있는 다양한 기능을 제공합니다.

PDF 변환　　PDF 역변환　　PDF 병합　　PDF 편집　　PDF 주석

PDF 워터마크　　민감정보 블랙마킹　　DRM 문서 보안　　PDF 프레젠테이션　　전자인장

3

증명할 수 있는가

레퍼런스의 의미

회의를 하다 보면 '레퍼런스'라는 단어를 많이 듣게 된다. 때때로 이게 맞게 쓰이는지 의구심이 들 정도로 다양한 장면에서 많은 사람들이 사용한다. 사전적 의미는 검색해 보면 알 수 있지만 실무에서 쓰이는 상황에 맞춰 적당한 의미를 추측해 보면 다음의 두 가지 정도이다.

❶ 일반적으로 신뢰를 얻거나 활용하기 위한 참고 자료
  : "이 프로젝트 관련 레퍼런스 좀 찾아봐."
❷ 능력을 평가하기 위한 객관적인 자료 또는 포트폴리오
  : "그 사람 레퍼런스 체크 좀 해봐."

제안 과정에서 중요한 레퍼런스는 두 번째 의미이다. 실제로 B2B, B2G 제안에서는 과거 실적증명서를 공식적인 문서로 제출하도록 요구할 때가 있다. 높은 기준이 있을 때는 원하는 기회가 있어도 접수조차 못 하는 상황이 생긴다. 평소에 레퍼런스를 어떻게 쌓을지 고민이 필요하다. 레퍼런스를 고민하게 되면 피하던 일도, 대가가 없으면 하지 않았던 일도 하게 되는 효과가 생긴다. 물론 장기적인 열정 페이는 피해야 하겠지만 말이다.

자기계발을 꾸준히 하는 사람들 중에서 책을 읽고 인용하는 것을 즐기는 사람들이 많다. 나 또한 그것을 즐기는 편이다. 이유는 간단하다. 내가 이야기했다고 하면 사람들이 귀를 기울이지 않지만, "유명한 학자가 이렇게 말씀하셨죠"라고 하면 사람들은 귀를 기울이고 때로는 진리로 통하기도 한다.

레퍼런스를 만드는 법

낯선 모임에 참석하면 이 레퍼런스의 위력을 느낄 수 있다. 어떤 모임에서 "K사에서 일하고 있는 교육팀 팀장입니다"라고 소개를 하면 추가적인 질문이 별로 없다. K사가 미디어에서 광고를 많이 할수록 감탄사는 있지만, 질문은 나오지 않는다. 반대로 만약 "두 번째 뇌 연구소에서 일하는 소장 나현진입니다"라고 소개하면 추가적인 질문이나 물음표의 눈빛들을 바로 확인할 수 있다. 레퍼런스가 없기 때문이다. 즉, 명함을 빼고 자신이 어떤 사람인가를 소개할 수 있어야 한다. 무엇을 가지고 있고 그것을 제안할 수 있더라도, 해왔던 레퍼런스가 없거나 정리되어 있지 않으면 오랜 기간

해온 경쟁자들과 비교할 때 불리한 자리에서 시작하게 된다.

레퍼런스를 만드는 좋은 방법 중에 하나는 자신이 하는 일을 꾸준히 정리하는 것이다. 나는 매장 관리와 유통 매니저를 5년, 관련 영업 기획을 4년 했다. 어떤 이는 이 과정을 통해서 자신이 깨달은 바를 정리해서 책으로 출간했다. 그 책은 그의 강력한 레퍼런스가 되지만, 나는 같은 세월을 보냈어도 그냥 9년 차 회사원이 되었다. 글쓰기가 어렵다면 노션을 열고 자신이 하는 일과 관련된 사진 한 장을 올리고 설명을 남기는 것에서 시작하자. 그리고 그것을 하루 한 번, 또는 매주 한 번, 꾸준히 해보자. 작고 완벽하지 않아도 괜찮다.

이제 여러분의 콘텐츠를 기획하고 제안해 보자. 눈에 보이는 성과가 바로 나타나지 않는다. 하지만 하나씩 차곡차곡 쌓이는 여러분의 제안서와 프로필은 점점 채워져 갈 것이다. 학자의 말을 인용하듯 ①번 의미의 레퍼런스는 어느 정도 정리가 되었다면 이제 그곳에 머물지 말고 ②번의 의미로 떠나자. 인류의 대부분의 직업이 대체될 미래를 살아갈 지금의 세대에게 꼭 필요한 일이라고 생각한다.

▶ 나만의 레퍼런스 만들기

서울의 어느 특성화고 친구들과 만나서 진로 코칭을 할 기회가 있었다. 뮤지컬과 제빵을 하는 친구들에게 간단한 자기소개를 노션에 올린 후 고등학교 3년간 했던 일을 영상과 사진 그리고 프로젝트에 대한 설명으로 꾸준히 정리하게끔 했다. 그리고 그것은 누군가와 경쟁해야 하는 자리에서 길게 설명하는 어떤 말보다 강력한 레퍼런스가 될 것이라고 알려줬다.

● 노션 갤러리를 활용한 레퍼런스 축적 예시

레퍼런스를 쌓아가고 홍보하는데 SNS만큼 좋은 것이 없다. 유튜브나 인스타그램도 좋지만, 카메라를 똑바로 쳐다보고 청산유수로 이야기하는 젊은 친구들처럼 힙하게 영상을 만들 수 없다면 금방 지치게 된다. 트렌드를 알면서도 따라가기가 어려울 때가 있다. 업무적으로 자신이 하는 일에 의미를 부여하고 특정 역량과 매칭해보자. 적절한 키워드를 선택하고 꾸준히 하고 있는 일과 깨달음, 그리고 지혜를 남겨보자.

젊은 직장인이 회사를 떠나는 이유 중의 하나는 비전이 없어서라고 한다. 괜찮은 조직인데도 비전이 없다고 하는 의미는 조직이 비전이 없는 게 아니라, 조직은 승승장구하는데 자신이 조직 내에서 비전이 없다는 의미가 아닐까?

인간의 동기를 설명하는 심리학 이론 중 '자기결정이론'이 있다. 자신에 대한 의사결정을 자기 스스로 자유롭게 결정할 수 있다고 느끼는 '자율성', 자신의 능력을 발휘하고 성장하고 싶은 '유능성', 마지막으로 타인과 의미 있는 관계를 맺고자 하는 '관계성'이다. 흔히 이 세 가지를 느끼지 못할 때 일의 의욕도 잃어간다. 자신의 목표를 달성할 수 없고 성장을 느끼기 어렵다. 그러다 보면 계획 없이 조직을 옮기고 레퍼런스는 엉망이 되기도 한다.

긴 조직 생활에서 때때로 조직이 성장을 선물해 주지 못할 때가 있다. 그럴 때도 역시 자신을 위해 레퍼런스를 업무에서 어떻게 쌓을지 고민해야 한다. 쌓다 보면 분명 또 다른 기회가 온다.

▶ 홈페이지 플랫폼

노션으로 어느 정도 데이터가 쌓이면 도메인을 구매해서 홈페이지를 구축해 보는 것도 좋은 경험이 된다. 여러분이 누군가에게 제안했을 때 또는 명함을 건넬 때 블로그로 된 홈페이지, daum.net으로 된 메일 주소보다는 큰 회사처럼 'co.kr'로 만들어진 홈페이지와 메일 주소가 좀 더 전문적인 느낌을 준다. 그리고, 홈페이지를 방문했을 때 여러분들이 해왔던 레퍼런스가 깔끔하게 정리되어 있다면 더할 나위 없이 좋을 것이다.

이때 사용하면 좋은 플랫폼이 '카페24', '아임웹', '윅스', '가비아'이다. 나는 카페24와 아임웹을 선호하지만 골고루 둘러보고 본인에게 맞는 플랫폼을 선택하면 된다. 이들 플랫폼의 공통점은 모두 코딩이 필요 없이 드래그 앤 드랍으로 그럴듯한 홈페이지를 만들 수 있다는 점이다. 필요하다면 카카오페이, 카드결제 등도 임베딩하고 자피어로 했던 자동 메일, 문자 발송도 손쉽게 셋팅해서 운영이 가능하다.

유튜브에 접속해서 카페24 또는 아임웹이라고 검색해 보자. 이미 많은 사람들이 올려놓은 강의가 있다. 아임웹 홈페이지에도 동영상 강의가 있다. 몇 개만 시청해도 혼자서 홈페이지를 구축할 수 있다. 복잡하다고 생각되면 이 역시 힘 빼고 사진 한 장 드래그해서 올려놓는 것부터 시작해 보자. 간단한 페이지를 만드는 것은 무료 요금제로도 충분히 가능하다. 그렇게 사용하다가 조금 익숙해지면 용도에 따라 천천히 유료를 고민하면 된다.

● 아임웹 웹페이지

그래도 도저히 할 수 없다고 생각되면 저렴한 금액으로 홈페이지와 웹 화면까지 디자인을 요청할 수 있다. 과거에는 홈페이지 호스팅부터 디자인까지 부르는 게 값이었다. 수백만 원으로 홈페이지를 구축한 후에는 관리 비용으로 매달 비용을 청구하는 업체들도 많았다. 그런데 카페24 디자인 센터(https://d.cafe24.com)에서 고급스러운 홈페이지 디자인을 생각보다 저렴한 가격에 구매할 수 있다. 완전히 처음부터 시작하는 사람들이 어려움을 겪을 때 도움이 된다.

어느 정도 만들어졌다면 이제 지인에게 링크를 보내면서 이렇게 선언하자. "나도 오늘부터 레퍼런스를 쌓기 시작했어."

● 카페24 디자인센터 웹페이지

지금 여러분의 레퍼런스가 되는 직함, 직급, 조직 외에 미래에 불리고 싶은 호칭이 있나요?

있다면, 그렇게 불리고 싶은 이유는 무엇인가요?

4

누구와 함께할 것인가

다양한 사람책을 읽는 약한 연대

동적 역량의 세 가지 요소를 이해하고 사례를 듣더라도 쉽게 따라 하기가 어렵다. 세상에는 너무도 많은 신호와 소음이 있다. 이것을 잘 걸러낼 수 있는 좋은 채가 바로 대화이다. 귀한 사람들과의 대화를 통해 좋은 신호와 소음을 구별할 수 있다. 그렇다면 누구와 대화하면 좋을까? 두 가지를 추천한다.

첫 번째는 '약한 연대'이다. 사회학자 마크 그래노베터 교수는 〈약한 연대의 힘〉이라는 논문에서 새로운 정보나 참신한 아이디어를 주는 것은 자주 대화하고 친밀감을 느끼는 강한 연대보다 가끔 만나는 약한 연대라고 했다. 자신과 시간을 많이 보내는 사람들은 자신과 비슷한 집단에 포함되어 있을 확률이 높아서 그들이 알고 있는 것은 이미 자신도 알고 있을 확률이 높다는 것이다. 관계의 질도 중요하지만, 아이디어나 정보를 위해서는 관계의 양적 측면도 중요하다는 것이다.

세상에서 가장 위험한 사람은 단 한 권의 책을 읽은 사람이라는 말이 있다. 나는 이 문장이 나처럼 한 조직에 오래 몸담은 사람에게도 적용된다고 생각한다. 한 조직에서 오래 일하면 분위기를 알기 때문에 업무 추진부터 보고까지 능숙해진다. 근속이 꽤 된 사람들끼리 회의를 하면 시대가 변해서 이상해 보이는 일도 아무렇지 않게 당연하다고 생각한다. 약한 연대의 경험은 한 조직에서 오래 근속하여 얼어붙은 바다가 된 조직원에게 도끼와 같은 존재가 된다(소설가 프란츠 카프카는 '책은 우리 안에 얼어붙은 바다를 깨는 도끼여야 한다'라는 말을 남겼다). 요즘 젊은이들의 특징을 저자 특강으로만 듣다가 실제 만나서 얘기해 보면 또 다른 이야기를 들을 수 있다. 은퇴하면 힘들다던데 너무도 왕성하게 활동하는 사람들이 많다. 우연히 건너편 건물의 회사원이 인연이 되어 식사를 하며 직장인의 마음을 서로 공감하기도 한다. 약한 연대는 다양한 사람의 책을 읽는 시간이기도 하다.

선한 영향력을 미치는 멘토

두 번째는 멘토이다. 누구나 막힐 때 물어보고 고민을 털어놓을 곳이 필요하다. 나도 직장생활을 열심히만 하고 역량을 축적하지 못하던 시기가 있었다. 조직에서 유능성과 같은 보람을 느끼지 못하니 불만이 생기고 레퍼런스에도 소홀했다. 방황의 시기였다. 그때 나에게 적절한 질문을 던졌던 멘토가 있었다. '이 정책은 왜 나온 것일까?', '지금 이것을 가장 원하는 사람은 누굴까?', '누가 가장 손해 보고 있을까?' 단순한 질문처럼 보이지만 때로는 나를 당황하게 만들었고, 때로는 유레카를 외치게 만들었다. 멘토를 만나지 못했다면 얼마나 더 고생하고 방황했을까를 생각해 보기도 한다.

수년이 지나 멘토와 제주도 여행을 떠났다. 불혹이 넘은 남자 둘이서 꽃구경도 하고 서로 사진도 찍어줬다. 그동안 회사에서 있었던 일에 대해서도 대화를 나눴고, 지금의 마음과 미래의 계획도 이야기했다.

여행하는 동안 나는 '같은 부서에서 2년밖에 일하지 않았는데 왜 그를 멘토라고 생각한 걸까?'라는 생각을 하게 되었다. 멘토라는 개념 자체에 부정적이었던 나는 그를 한 번도 멘토라고 부른 적은 없다. 하지만 마음속으로는 그를 진정한 멘토라고 생각했다. 일하는 방식, 자산 관리, 인간관계 등 당시 아직 젊었던 내게 그가 알려준 것은 너무도 많았다. 그중에서도 가장 크게 와닿았던 것은 그의 끊임없는 '호기심'이었다.

"이거 재밌지 않냐?"

탐구하고 실행하는 그가 입버릇처럼 했던 말이다. 그 호기심이 내게 전염이 되어 조직 생활에서 성장하고 버텨내는 힘이 되었다. 좋은 동료가 최고의 복지라고 한다. 함께 일하며 시간을 보내는 사람들은 서로 영향을 끼친다. 생각과 행동은 전염성이 강하다.

자기 주도적 변화의 중요성

약한 연대로 양적 팽창을 하고 멘토와 질적으로 깊이 파고들면 동적 역량을 위한 지혜를 얻을 수 있다. 일본의 경영자 오마에 겐이치는 사람이 변화하는 방법으로 세 가지를 이야기했다. 바로 '시간', '장소', '사람'이다. 자신이 사용하는 시간을 바꾸고, 만나는 사람을 바꾸고, 장소를 바꿔야 변화할 수 있다고 강조하며, 그 외에는 소용이 없다는 메시지를 던졌다. 변화 속에 자신이 놓여야 변화를 감지하고 아이디어를 얻게 된다. 나는 오마에 겐이치의 말에 한 가지 조건을 추가하고 싶다. 시간, 장소, 사람이 바뀌어야 하지만, 그보다 중요한 것은 그 변화가 자의에 의한 것인지 타의에 의한 것인지이다. 타의에 의해 변화의 끝자락에 억지로 끌려가기보다는 자기 주도적인 변화로 자신을 수시로 갱신시킬 수 있으면 좋겠다.

생각해 보기

고민이 있거나 아이디어가 필요할 때부담 없이 전화할 수 있는 사람이 있나요?
아직 없다면 복제하고 싶은 역량을 가진 사람을 주위에서 찾아 봅시다.

🔆 성과를 내기 위한 도구들

▶ 다른 생태계 경험하기

일하는 공간의 환경을 정기적으로 바꿀 수 있으면 좋을 것이다. 하지만 현실적으로 쉽지 않은 일이다. 시간을 달리 사용하는 것도 9시부터 18시까지 묶여 있는 직장인에게는 쉬운 일이 아니다. 그렇다면 만나는 사람을 바꿔 보면 어떨까? 동료들과 먹던 점심과 저녁 식사를 사업가, 예술가 등 여러 분야에서 다른 일을 하며 살아가는 사람들과 함께해보자. 자신이 관심을 가지고 있는 분야라면 더 좋다. 그들에게서 정보를 얻고 아이디어가 떠오른다면, 그다음은 뜻이 맞는 세 명과 자주 만나 보자. 또 다른 세계가 펼쳐지는 열쇠가 될 수도 있다.

자신과 다른 영역에서 일하는 사람을 만날 수 있는 플랫폼 서비스가 있다. 이것들도 살아있는 생태계처럼 새롭게 등장하고 사라지기도 한다. 과거에는 '프립'이나 '남의 집'이라는 플랫폼도 좋았지만, 최근에는 '소모임'이 가장 활성화되어 있다. '트레바리'는 여전히 명성을 유지하고 있다. 참여해 보면 나처럼 오랜 기간 직장생활을 한 사람부터 빛나는 동적 역량으로 사업을 펼쳐가는 다양한 사람들을 만날 수 있었다. 다른 직장의 같은 직무에서 일하는 사람에게 현재 고민하는 일의 힌트를 얻기도 한다. 상대적으로 좋은 복지를 제공하는 자신의 조직에 자부심을 느끼기도 한다. A부터 Z까지 혼자 하는 사업가의 이야기에서 큰 조직의 전체 그림과 마이클 포터의 가치사슬을 떠올릴 수도 있다. 무엇이든 해주고 싶은 직원과 밥 먹는 모습만 봐도 싫은 직원의 이야기에서는 조직 내의 리더십과 팔로우십을 생각한다.

● **독서 기반 '트레바리'**　　　　● **취미 기반 '소모임'**

5

시스템이 있는가

미래 사회의 인재 요건

중학생 이후 기숙사와 자취생활을 하다 보니 부모님과 떨어져서 혼자 생활하는 게 편했다. 큰 화면과 스피커로 게임하고 영화 보는 나만의 세계가 있었다. 결혼하고 나서는 그곳에 한 사람, 두 사람, 세 사람이 등장했고, 나는 다른 사람들과 함께 사는 게 낯설었다. 게다가 나보다 훨씬 어린 아이들과 대화하는 것도 쉽지 않았다. 부모님이 내가 어린 시절 내게 어떻게 말씀하셨는지 기억도 나지 않는 데다 그렇게 오래 다닌 학교에서는 '어린 자녀와 대화하는 법', '함께 사는 가족에게 지켜야 할 예의', '아빠의 역할' 등에 대해 알려준 적이 없었다. 삶을 살아가는 데 꽤 중요한데도 왜 배우지 못했을까 생각하면서도 이것마저도 경험으로 배워야 하는 현실이 아쉬웠다.

그때 우연히 약한 연대의 인연으로 2030 코치들을 양성하는 모임에 참여하게 되었다. 모임을 운영하던 코치는 자격증 취득을 목적으로 하는 것이 아니라, 실전에서 진심으로 코칭 받고 싶은 젊은 코치들을 양성하고 싶다는 목표가 있었다. 그렇게 좋은 기회로 코칭 공부를 시작한 지 정확히 10년이 되었다. 혼자 있는 게 편했던 내향적인 나는 그사이 많이 달라졌다. 자격증 취득이나 비즈니스로 활용할 생각이 아니라 아이들을 키우면서 인간에 대해 아는 것이 너무 없다는 생각에 시작했다. 인간의 동기, 욕구 등에 대해 배우면서 도리어 나 자신을 이해하는 시간을 가질 수 있었다. 그때 배웠던 이야기 중 내가 가장 좋아하는 것을 이 책의 마지막에서 이야기하고 싶다.

얼마 전 HRD 세미나에 참여했을 때의 일이다. 미래 사회에 필요한 인재의 요건은 네 가지라고 했다. 새로운 것을 빠르게 학습하고 실무에 적용하는 능력인 '학습 민첩성', 기존에 있던 생각이나 개념을 조합하여 새롭게 생각하는 '창의성', 빅데이터를 활용하고 분석하여 합리적인 의사결정을 할 수 있는 '디지털 리터러시', 마지막으로 위기를 대비하고 자신을 끊임없이 동기부여 하는 '회복탄력성'이다.

계획된 우연 이론

미래 사회에 필요한 인재 요건을 들으면서 떠오르는 개념이 있었다. 바로 몇 해 전에 세상을 떠난 존 크롬볼츠 교수의 '계획된 우연 이론'이었다. 이 책의 전반에서 하는 이야기를 설명할 수 있는 이론이기도 하다.

● 계획된 우연 이론

어떤 지식에 대한 궁금증을 넘어 타인을 배려하고 새로운 배움의 기회로 만드는 '호기심'은 인공지능 시대에 가장 중요한 역량이라 할 수 있다. 아무리 빨리 배울 수 있어도 배우고 싶은 마음이 있어야 한다. 단순한 배움에서 끝나는 것이 아니라 새로운 기술에 대한 호기심은 지속적인 학습 역량의 기반이 된다. 호기심의 의미를 조금 더 확장하여, 인공지능 시대에 인간만이 가질 수 있는 '다른 사람에 대한 관심'까지 포함한다면 금상첨화일 것이다.

고정관념을 버리고 스트레스 상황이나 낯선 환경에서 해왔던 것과는 다른 방식으로 도전하는 '융통성'도 중요하다. 축적된 지식과 연결, 자신만의 방법론, 약한 연대의 아이디어와 멘토의 도움으로 문제를 바라보는 관점을 달리하고 새롭게 시도하는 것이다.

다음은 순간적인 욕심을 뒤로 하고 더 큰 목표를 향해 묵묵히 나아갈 수 있는 몰입의 끈기이다. 황금의 타임머신과 만다라트로 그려진 목적과 목표, 그리고 그것을 향해 한 걸음씩 실행하는 습관. 하지 말아야 할 생산성을 저해하는 일과 Plan B와 같은 것들이 끈기와 연결된다.

자신이 가치 있다고 판단되면 실패를 감수하고 추진하는 위험감수는 변화를 감지하고 기회가 있다면 과감하게 추진하여 결과에서 배우는 동적 역량이다. 변화가 많은 시대에는 실패가 두려워 계속 주저하기보다는 선 실행 후 보완의 지혜가 필요하다.

마지막으로 모든 일을 경험으로 승화하는 낙관성도 미래 사회의 인재 요건 중 하나다.

이와 같은 미래의 인재 조건은 계획된 우연을 지속적으로 만들어 가는 사람이라 생각한다.

시장의 선도기업이었지만 시간이 흘러 주저앉은 기업을 보면 당장의 만족에 호기심을 잃고 안주한 경우가 많다. 끊임없이 움직이면서 어떤 것이 시장에서 통하는지 알아내기 위해 분주한 기업들도 많다. 많은 시도를 거쳐 사업 방향을 전환하는 융통성 있는 벤처기업이 시장에서 새롭게 떠오르기도 한다. 그 과정을 자세히 들여다보면 수많은 어려움을 끈기로 버텨내며 때로는 위험을 감수하기도 한다. 그리고 그 안에는 모든 과정을 긍정적으로 해석하며 포기하지 않고 만들어 온 핵심 인물들이 있다.

생산성 도구를 기반으로 일상을 관리하고 콘텐츠를 만들고 수익화해 보자. 그 과정에서 역량이 만들어지고 레퍼런스가 생긴다. 그리고 우연을 위해 계획적으로 많은 점을 찍어보자. 어느 날 그것이 연결되고 예상하지 못했던 기회를 가져오기도 한다. 그것은 다시 자신이 속한 직장과 직업으로 돌아와 선순환을 만든다. 이 과정이 재밌어지면 아마 여러분들은 더 신이 나서 점을 찍게 될 것이다. 콘텐츠와 도구에도 더 많은 관심을 기울이게 될 것이다. 이 시대를 살아가는 사람에게 이만한 시스템이 없다.

▶ PDCA

　마지막으로 자신의 프로젝트를 기획하고 실행할 단계이다. 이 과정에서 유용한 방법론이 'PDCAPlan-Do-Check-Action'다. 나처럼 계획을 열심히 세우고 실행 부분은 작심삼일로 용두사미가 되는 사람들에게 강력한 방법론이다. 회사에서 업무를 위해 배웠지만 개인적으로 더 도움이 되었던 이론이며, 일상에서 활용하다 보니 다시 자연스럽게 업무할 때도 더 적극적으로 사용했던 프로세스이다.

● PDCA 개념도

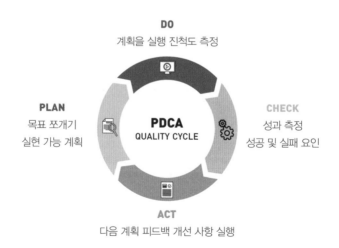

DO
계획을 실행 진척도 측정

PLAN
목표 쪼개기
실현 가능 계획

PDCA
QUALITY CYCLE

CHECK
성과 측정
성공 및 실패 요인

ACT
다음 계획 피드백 개선 사항 실행

'Plan'에서 목적에 맞는 목표를 세우고 잘게 쪼갠다. 기간을 정해서 이런 저런 시도를 해보는 것이 'Do'이다. 어떤 변화가 있었는지, 효과가 있었던 것은 무엇인지, 버릴 것은 무엇인지 'Check'한다. 확인이 끝났으면 버릴 것은 버리고 개선하여 개선사항을 실행하는 것이 'ACT'이다. 그리고 다시 Plan으로 재진입하여 목표를 수정한다.

당연한 이야기처럼 들리겠지만, 방법론이 있다는 것은 그만큼 관리 측면에서 활용할 만하다는 의미이다. 노션 보드 레이아웃에서 네 가지 단계를 적어두고 아이템별로 디벨롭하는 재미도 있다. 자, 이제 여러분의 첫 번째 프로젝트를 시작해 보자.

18년의 세월 동안 조직에서 정의하는 인재상이 어떻게 바뀌고 어떤 도구와 방법론이 시대를 거쳐 가는지 경험했습니다. 빠르게 사라지는 부분도 있지만 변하지 않는 원칙도 많이 존재합니다. 이 책에 담긴 도구들은 제가 오랜 기간 사용해 온 것도 있고 특별한 이유로 사용하게 된 것도 있습니다. 진정한 장인은 도구를 탓하지 않는다고 했습니다. 장인은 변하지 않는 원칙에 집중하여 기술 발전에 적응하는 사람이 아닐까 생각합니다.

제가 알고 있는 것 대부분은 회사에서 배웠습니다. 교육, 선배, 동료들이 제 지식의 전부입니다. 때때로 같은 조직에 오래 몸담고 있는 것이 '현실에 안주한다는 의미가 아닐까'라는 고민을 하기도 하지만, 꾸준히 성장하는 유능성과 함께하는 관계성을 선물하는 회사라는 조직을 끊을 수가 없습니다.

모든 일이 그렇듯 직장생활도 힘들 때가 있고 문이 닫혔다고 느낄 때가 있습니다. 그럴 때 다른 일을 하는 사람들이 어떻게 인생을 살아가는지 궁금해하며 약한 연대의 문을 두드렸습니다. 다른 사람들이 어떻게 살아가는지 묻고 그들의 이야기에서 아이디어를 얻기도 하고 때로는 멘토와 토론하면서 회사와 가정에 적용하기 위해 고민했습니다. 하나둘씩 실행으로 옮긴 일들이 레퍼런스가 되고 다시 회사 밖의 사람들과 만났습니다. 이 과정을 몇 년간 반복했더니 비로소 삶의 균형을 찾을 수 있었습니다.

이런 이야기를 하면 "곧 회사를 나갈 거냐"라고 묻는 사람들이 꽤 있습니다. 그렇지 않아도 저의 회사 인사카드를 열면 2040년에 회사를 나가야 한다고 적혀 있습니다. 제가 원해도 영원히 있을 수 없는 곳입니다. 하지만 지난 수년 간 그래왔듯 계속 새로운 것을 배우고 시도해 볼 생각입니다. 그 과정에서 미래의 어느 날 제가 경험하게 될 더 큰 도전에 아무렇지 않게 응전하는 기술을 익히고 싶습니다.

영국의 작가 올리브 버크먼은 '삶이란 결국 우리가 집중했던 것의 총합이다'라고 했습니다. 자신의 욕구를 살펴 집중할 주제를 찾고 그것을 일상과 행복으로 연결하는 것이 삶이라 생각합니다. 생산성 도구를 효과적으로 활용하는 것은, 자신이 집중했던 것의 총합이 자신을 위한 일이 되도록 만드는 과정입니다. 이 책이 그 과정에 조금이나마 도움이 되었으면 하는 바람입니다.

아직 끝나지 않은 저의 이야기를 끝까지 읽어준 여러분께 다시 한번 감사드리며, 도움이 되었으면 하는 마음으로 글을 마칩니다.

성과를 내는 사람의 생각 정리법

초판 1쇄 발행 2024년 4월 8일

지은이 나현진
펴낸이 양필성

기획편집 박미경
디자인 노지혜, 김숙희

펴낸곳 모노북스
출판등록 2022년 5월 18일 제2022-000132호
이메일 monobooks.one@gmail.com

ISBN 979-11-979308-0-5 (13000)

모노북스에서는 여러분의 책에 관한 아이디어와 원고를 기다리고 있습니다. 책 출간을 원하시는 분은 monobooks.one@gmail.com으로 간단한 개요와 취지, 연락처 등을 보내주십시오.